Cyriaque Baranyizigiye

Mon Chemin de Paix

Cyriaque Baranyizigiye

Mon Chemin de Paix

De SDF alcoolique à un Espoir Infini

Éditions Croix du Salut

Imprint
Any brand names and product names mentioned in this book are subject to trademark, brand or patent protection and are trademarks or registered trademarks of their respective holders. The use of brand names, product names, common names, trade names, product descriptions etc. even without a particular marking in this work is in no way to be construed to mean that such names may be regarded as unrestricted in respect of trademark and brand protection legislation and could thus be used by anyone.

Cover image: www.ingimage.com

Publisher:
Éditions Croix du Salut
is a trademark of
International Book Market Service Ltd., member of OmniScriptum Publishing Group
17 Meldrum Street, Beau Bassin 71504, Mauritius
Printed at: see last page
ISBN: 978-613-7-37581-5

PRÉFACE

S'il est bon que l'on me parle de la bonté, de la miséricorde, de la grâce, et de l'amour divins pour me soulager et m'encourager dans ma situation critique, mieux serait encore de me parler de ce que je peux moi-même faire, ce que je peux initier pour le changement, et ce dont je suis responsable pour échapper à une situation critique.

En effet, Dieu m'aime infiniment au point qu'Il a donné son Fils pour me racheter. Je ne crois pas en cette histoire: «C'est écrit.» C'est une manière de se déresponsabiliser. Dieu a formé de bons projets pour nous. Personne n'est prédestiné au mal. Dire qu'un Dieu bon a prévu des choses malheureuses pour nous, c'est un paradoxe. S'il a donné son Fils comme rançon pour moi, Il me donnera aussi toutes choses avec Lui. La balle est donc dans mon camp.
C'est de cette logique que m'est venue l'idée d'informer mon semblable à travers mon histoire par l'encre, à partir des expériences personnelles déplaisantes, dégoûtantes et amères qui m'ont jeté dans l'alcoolisme jusqu'à devenir un déficient mental, un sans domicile fixe, un chômeur, et enfin un marginal. Certes, ces situations de crise étaient la conséquence surtout de mes imperfections personnelles que du milieu extérieur. C'est pourquoi, j'ai cherché Christ avec engouement pour faire quelque chose en moi; car Il a déjà tout fait pour moi et il faut que je Lui ouvre les portes du cœur afin qu'Il y aille droit pour ma liberté.

Alors que j'étais dans la fosse de destruction, au fond de la boue, la parole a été l'unique remède à ma situation et je n'ai lutté qu'avec l'énergie inépuisable de mon esprit: la foi. Oui, la parole a été mon remède. En effet, je n'ai jamais rencontré Christ physiquement. Christ, sur terre, n'a parcouru qu'un territoire très petit. De la Galilée à la Judée, je ne peux pas dire que je sais grand chose sur Lui physiquement parlant. Mais, je L'ai rencontré dans sa parole. Sa parole est puissante. Elle a une force. Elle donne des effets pour celui qui y croit.

Mais avant tout, j'ai cru d'abord en moi- même. En effet, même Dieu, le Tout Puissant qu'Il est, ne se substitue pas à moi dans ma décision. Je sais qu'Il m'a donné le libre arbitre, un pouvoir arbitral sur moi-même pour m'en servir en tant qu'animal rationnel. Ensuite, je crois en Dieu qui me fortifie, qui me comble de Sa grâce. La grâce qui viendrait effacer ma liberté serait une forme de violence. Je ne peux pas compter sur Dieu pour tout. La vie et la mort sont devant moi; je ne fais que choisir.

Socialement isolé comme un mort dans un cercueil car devenu moins utile et digne qu'un avorton, je suis parvenu à apprendre que les choses vont bon train quand on se repent et qu'on confesse Jésus comme son Roi et son Sauveur personnels. Malheureusement, le même scénario d'alcoolisme et de démence a repris maintes fois après avoir reçu Jésus et je ne comprenais pas vraiment ce qui m'arrivait. Je croyais que les anciennes choses allaient plutôt disparaître subitement et que j'allais mener une vie paisible et heureuse. Je me suis rendu compte que c'était la prise de conscience, que je devais aller de l'avant.
Après avoir médité profondément les Écritures, j'ai trouvé qu'il me fallait une chose pour que ma vie ne soit pas un problème mais qu'elle porte des fruits: la liberté. J'ai eu ce cadeau de Dieu. Sans la liberté, je ne serais capable ni de pardonner ni d'aimer; je serais devenu captif de la haine et du ressentiment envers autrui: ce qui m'empêcherait d'entrer par la porte « étroite » – l'unique *chemin de la paix*.

Que le Seigneur Jésus Christ de Nazareth soit loué pour m'avoir sauvé, délivré et restitué tous les droits qu'un enfant puisse obtenir de son Père. Que ce livre bénisse le lecteur en lui montrant le chemin par lequel il peut passer pour vivre dans le royaume de Dieu. J'ai la ferme assurance que notre Seigneur Jésus Christ fait et fera des merveilles pour toutes les personnes qui mettent leur confiance en Lui afin qu'il les délivre et les mène sur le sentier d'une vie acceptable et heureuse. Tout est possible quand on a la ferme volonté de changer. Toute personne est potentiellement perfectible si elle trouve de la compréhension, de la compassion, de l'attention et d'une main forte pour la soutenir.

Cyriaque BARANYIZIGIYE

BUJUMBURA (BURUNDI)

BUJUMBURA, le 5 Février 2013

0. INTRODUCTION

« Notre corps a besoin de la nourriture terrestre pour son entretien et sa survie. Notre esprit a aussi besoin d'une fontaine pour se désaltérer afin de trouver la paix: la Parole de Dieu. » Auteur

Il m'a fallu connaître mon chemin pour avoir la paix intérieure. Si les routes et les rails sont conçus de façon à permettre un mouvement sûr des voitures et des trains, Dieu a aussi conçu un chemin pour que je puisse le parcourir en paix. Si j'essaie de passer à côté, je rencontre indubitablement des problèmes. C'est ce qui m'est arrivé. J'ai essayé tout sans succès. Souvent j'ai pensé à mon bonheur et à la paix, mais c'est après que j'ai réalisé que j'avais été superficiel. Je sais que je me suis limité à tort quant à la vision de ma paix intérieure ou la paix dans mes relations. J'entends souvent parler de « paix durable », mais j'ignore qui est maître de cette paix. Ce n'est pas fautif d'évoquer la notion de « paix durable » dans le contexte des relations interpersonnelles et sociales. Mais nous négligeons par là même l'importance de l'individu. C'est en moi sans doute que se cachent ces petites choses qui contribuent incontestablement dès leur printemps à mon instabilité intérieure, à une société ou à un monde plus injuste et troublé.

La négligence de ces petites choses fait que je participe sans le savoir à ma propre destruction. Benjamin Franklin nous met en garde sur la négligence de petites choses qui, dans son contexte, ruinent les finances. En plus, « Les petits renards ravagent les vignes, » dit-on. Je trouve que mes enclins naturels, mes convictions personnelles ou socioculturelles, mon contexte historique étaient plutôt à l'origine de mon instabilité intérieure. Je devais donc changer, être exigeant envers moi-même pour que je retrouve la stabilité intérieure. Logiquement, si je ne suis pas stable, la société et le monde entier sont d'une façon ou d'une autre affectés.

J'entends souvent parler de la paix; celle-ci nous manque gravement que ça soit sur le plan individuel, social ou international. De plus, si celle-ci nous manque gravement, je suis le premier acteur pour la conquérir, pas par les armes, mais en poursuivant mon harmonie intérieure. C'est inutile de me soucier d'un morceau de pain alors que je pourrais avoir tout un stock. En effet, au lieu de parler uniquement de « paix durable », je trouve que je dois plutôt poursuivre ma paix parfaite et absolue avant de penser à la paix extérieure. La paix dont nous avons tous besoin commence en moi. C'est inutile donc de me plaindre contre tout ce qui va mal à l'extérieur si je ne m'occupe pas de ma vie intérieure qui est supposée avoir les potentialités d'affecter la vie extérieure ou sociale.

Si quelques fois il m'est très difficile d'atteindre la paix, parfaite au sens un peu élargi, c'est parce que je la définis mal ou je la recherche tout simplement avec une méthode erronée. Je dois comprendre la paix dans le sens de «Shalom» qui va plus loin que l'absence de coups de feu, la paix de Dieu qui commence par la paix intérieure (psychique), et qui abonde extérieurement par la sécurité physique, la paix que le Seigneur Jésus ne cessait pas de saluer à ses disciples, la paix à laquelle Il m'invite. Quelque soient les gestes charitables à l'égard d'un individu quelconque, des actions humanitaires qu'on pourrait opérer à l'égard d'un individu quelconque ou d'une communauté vulnérable, bien que utiles, ne suffisent pas pour aller plus loin dans la poursuite de la paix si je néglige mon harmonie. En effet, tout cela pourrait être motivé par autre chose que l'amour du prochain.

Si je recherche la paix avec une mauvaise approche ou une mauvaise méthode, il est évident que je dois échouer. Si j'investis l'argent pour prévenir des conflits, gérer ou arrêter les guerres ici et là, il me semble qu'une méthode appropriée à la prévention longtemps avant l'éclatement d'un conflit par une culture de paix s'impose via la recherche de mon harmonie personnelle. « Un boiteux dans le droit chemin, disait Bacon, arrive avant un coureur qui s'égare. » Si je recherche la paix avec une méthode inadéquate, les efforts financiers déployés ici et là en vue d'atteindre la paix durable, quelque soit leur importance, ne seraient qu'une vaine entreprise. Le véritable changement commence au plus profond de mon esprit. La parole de Dieu est l'outil le plus adapté pour pénétrer mon esprit afin d'harmoniser ma vie. C'est celle-ci qui m'a changé, elle m'a façonné, elle m'a recréé, elle m'a libéré.

La paix ne se négocie pas ni ne s'acquiert avec le déploiement des fonds mais elle se cultive. On négocie les intérêts et non la paix. « Un champ si fertile soit-il ne peut être productif sans culture, et c'est la même chose pour l'humain sans enseignement », disait Cicéron. Les écoles réputées aujourd'hui sont celles qui couvrent une grande partie de sciences. La spiritualité relative à la paix n'est pas une préoccupation dans ces institutions. Comment peut-on alors s'attendre à une jeunesse engagée à poursuivre la paix ? On a souvent la mauvaise habitude de nous confondre avec nos faiblesses. L'exemple le plus parlant est celui de l'alcoolisme. L'entourage commet des fautes quand il nous confond avec nos mauvais penchants. Personne n'est alcoolique, on le devient. Et surtout, on peut s'en sortir et recouvrer sa paix. J'ai réussi à m'en sortir alors que les incrédules avaient déjà parié. Tout change quand l'état d'esprit change. Une prise de conscience suffit dans un cœur contrit. Ensuite, nous avons besoin de la grâce qui vient de notre Père céleste pour nous fortifier.

La paix est toujours là mais elle n'est pas cultivée soit au niveau de l'entité individuelle soit au niveau de l'entité sociale. Je n'ai identifié que deux éléments qui m'acheminaient vers ma propre destruction: ma nature et ma culture. Pour parvenir à la moisson d'une culture quelconque, il faut l'avoir cultivée d'abord, avoir sacrifié suffisamment de temps pour son entretien et cela dépend de ce que l'on veut cultiver. Les efforts que l'on conjugue pour la culture des légumes ne sont pas les mêmes pour la culture des céréales. Pour les céréales, les efforts que l'on sacrifie pour la culture du maïs ne sont pas les mêmes pour la culture du blé. A chaque culture, il convient une méthode de cultiver, d'entretien et de suivi.

Ainsi est-il le même cas pour la paix. Depuis belle lurette, des guerres religieuses, ethniques, tribales ou guerres entre nations ont eu lieu et on a négocié la paix après avoir fait un constat amer sur les pertes en vies humaines et les pertes matérielles. Ce qui est pire encore, ce sont des coins du monde où nous trouvons des cas de guerres cycliques soit de même nature ou pas. C'est le cas des régions des Grands Lacs Africains où les conflits inter-ethniques sont les plus fréquents et répétitifs, c'est le cas aussi du conflit séculaire Israélo-arabe ainsi que d'autres conflits historiques sanglants dans le monde. La faute est que l'on s'acharne à trouver des remèdes aux conséquences plutôt que repérer objectivement les causes profondes des conflits.

Le fait qu'il y ait des conflits cycliques n'est pas le fruit du hasard. La saveur d'un repas dépend de ses ingrédients; c'est la même chose pour la paix. Le feu s'enflamme quand il est attisé et entretenu; ce qui est pareil pour la guerre. Bien que le philosophe Jean Jacques Rousseau dise que l'homme nait bon mais que c'est la société qui le corrompt, ce qui est vrai en partie dans la mesure où les événements qu'une génération traverse peuvent influer sur leur comportement, le mal découle de la nature humaine vicieuse et qu'il faut éduquer et redresser par la culture de paix.

Je sais que les moyens sont à ma portée pour cultiver la paix en moi-même ou en dehors de moi. Il n'est pas question de reculer prétextant que c'est une mission difficile. Étant donné que même pour cultiver un champ quelconque, il me faut une bonne terre et un matériel pour mener à bien mon travail, il me faut aussi des moyens semblables pour cultiver la paix. La bonne terre des semailles de la paix dont je dispose est le cœur contrit, soif de justice, prêt à se réconcilier avec Dieu, à se repentir. Le temps des semailles est venu quand j'ai entendu la Bonne Nouvelle du Salut. Je suis préprogrammé d'être connecté à une divinité comme les oiseaux sont préprogrammées pour faire leurs nids. Je ne cherche pas Dieu avec ma propre raison. Mais Dieu a mis une voie de réconciliation avec moi pour que je me sente comblé au fond de mon cœur brisé par le péché.

Dans cette culture de paix, après les semailles, j'arrose par l'éducation aux valeurs divines qui sont la pépinière incontestable de la paix. C'est par cette éducation aux valeurs divines que je peux acquérir l'harmonie et l'équilibre personnels qui commencent dans l'esprit étant donné que la paix et la guerre résultent de l'état d'esprit. Ensuite, je deviens acteur dans l'harmonie sociale si je suis moi-même en harmonie avec moi-même.

Une confusion a cependant émergé dans ma compréhension de ce qui est valeur et ce qui ne l'est pas. Ce que j'entends ici comme valeur, je l'entends comme non-valeur ailleurs. Ce que j'ai entendu comme valeur hier, je vois que ce n'est plus une valeur dans la même communauté où j'ai grandi. Je voyais les gens s'entraider mutuellement, ils étaient très coopératifs, mais ils sont plus compétitifs aujourd'hui. Je trouve que certaines valeurs sont très dynamiques dans le temps.

Au contraire, je trouve qu'il y a des valeurs un peu statiques qui revêtent un aspect universel et immuable pour toute l'humanité. Par exemple, j'ai grandi en entendant parler de l'amour, l'amour est une valeur universellement prêchée et nulle part, à moins d'être déviant, on peut prôner la haine comme une valeur. C'est de ces valeurs universelles alors que je sens la soif de m'inspirer pour critiquer mes valeurs individuelles ainsi que les valeurs culturelles locales existantes. Je m'appuie ensuite sur ces valeurs universelles pour identifier les lacunes se trouvant dans mes valeurs individuelles et culturelles qui peuvent nuire à mon harmonie personnelle d'abord et l'harmonie sociale ensuite. Enfin, je les bannis si je trouve qu'elles présentent un aspect négatif, un obstacle à ma paix.

J'ai bien pensé, j'ai bien réfléchi, j'ai trouvé que je ne pouvais avoir des valeurs que si je n'écoute pas attentivement la voix des sages, la voix de ceux qui ont ouvert leurs oreilles pour se laisser instruire, la voix de ceux qui ont une oreille exercée pour se faire remplir de la connaissance de la volonté de Dieu. Je reconnais en effet ma nature pécheresse ainsi que mes faiblesses que je ne peux pas prétendre être la source d'inspiration de ces valeurs si je ne les reçois et ne les transmets que par le « Tout Puissant infaillible ». C'est Lui qui me donne le pouvoir de naître de nouveau. Par la nouvelle naissance, je deviens une nouvelle créature. La deuxième créature que je suis en esprit est complètement différente de la première créature que j'étais en termes de valeurs. J'étais un homme animal, avec des réactions prévisibles comme celles des bêtes. La seconde que je veux acquérir complètement et qui me confère la paix est divine. Je deviens de plus en plus imprévisible. Dans des situations où la colère est prévisible, je deviens de plus en plus capable de me maîtriser. Là où la vengeance est attendue, je me maîtrise et essaie de maîtriser mes instincts de violence. C'est ceci qui me rend cette fois-ci un homme divin capable d'expérimenter une autre vie métaphysique, supérieure à celle des bêtes.

Dieu m'a parlé et me parle encore en rapport avec ses lois, ses coutumes, ses promesses ainsi que son projet afin que, si je croie, je puisse avoir une conduite morale impeccable en vue de mener une vie paisible et heureuse. Certains hommes dans la Bible nous servent de référence pour les valeurs qu'ils ont manifestées: Abraham pour l'obéissance, Abed Nego et ses compagnons pour la justice, Joseph pour la piété, le bon Samaritain pour l'amour, Étienne pour le pardon, et bien d'autres.

Par ce canal « la parole de Dieu », je suis capable de cultiver la paix à l'intérieur de moi-même d'abord et dans la société. Alors, mon harmonie personnelle me conduira à l'harmonie sociale, et enfin je suis optimiste d'atteindre l'harmonie mondiale.

I. MON HARMONIE PERSONNELLE

« Qui vit en paix avec lui-même vit en paix avec l'univers. »

Marc Aurèle

Le royaume de Dieu est parmi nous. Il faut que quelque chose soit faite en moi pour vivre les délices de ce royaume. Je sais déjà que mon harmonie personnelle est vitale pour pouvoir atteindre l'harmonie sociale. Prenons le cas du football. Si un joueur du football joue hors jeu, c'est l'équipe toute entière qui est pénalisée en perdant la balle. Un seul joueur qui ne respecte pas les règles du jeu fait que son équipe perde le jeu et l'adversaire remporte la victoire à cause de ce mauvais joueur. Quant aux membres du corps, n'est ce pas que quand un membre souffre, tous les membres souffrent avec lui? Ceci me rappelle combien ma famille était dérangée quand je menais une vie complètement désordonnée, folle et violente. Ils ont souffert plus que moi. Leur amour propre était dérangé par le fait que je n'étais pas en harmonie avec moi-même.

C'est la même chose pour la société. Si les individus qui la composent sont incohérents en leur for intérieur, la société devient incohérente aussi. Je suis, en tant qu'humain, prédisposé au mal et au bien en même temps. C'est l'éducation qui intervient pour supprimer cette duplicité afin que je puisse atteindre l'unité et la cohérence qu'il faut pour m'aligner sur l'axe du bien. Il n'y a pas de gens méchants comme tel, mais on peut manquer de liberté et agir mal. Pour cela, une société est plus exposée aux manœuvres du malin si ceux qui la composent ne sont pas individuellement responsables de leur destinée et par conséquent leur existence commune sera pénible. Pour que je puisse expérimenter la paix autour de moi, il faut que je sois d'abord cohérent et en harmonie avec moi-même. Pour atteindre efficacement cette disposition de cohérence et d'harmonie internes en moi, il a fallu d'abord que je me réconcilie avec Dieu qui fait revivre ma personne divine morte par mon péché ou mon égarement.

Pour aller vers mon harmonie, il a fallu que je me conquière. Quand on fait une conquête territoriale, on impose ses nouvelles lois. Pareillement, je me suis imposé de nouvelles lois, je suis devenu exigeant envers moi-même parce que j'ai découvert que je me détruisais. J'ai abandonné le vieil homme que j'étais. Une meilleure attribution causale du mal que nous expérimentons devrait commencer en nous-mêmes avant de chercher ailleurs la racine du mal. Le manque de repos et de paix commence en nous quand l'esprit, siège de la paix de Dieu, meurt à cause du péché.

Je reste convaincu que le malaise ne vient pas exclusivement de mon entourage. Je suis né avec une nature penchée au mal et puis ma corruption s'est développée, s'est modérée par rapport aux autres selon ce que j'avais intériorisé en tant qu'individu influençable.

Pour être une solution à mes problèmes et aux problèmes des autres, et non un sujet de problèmes pour moi-même et pour les autres, il était important que je meure quant à mon comportement naturel et que je sois une nouvelle créature spirituelle en Jésus Christ mon Sauveur. Faisant mourir progressivement le mal qui découle des passions de la chair en moi, j'ai acquis une certaine harmonie entre mon esprit, mon âme ainsi que mon corps. Celui-ci n'est que le serviteur de la volonté, capacité spirituelle de choisir. Par mon libre arbitre complété par la grâce de Dieu qui me fortifie, je savoure la paix intérieure. Celle-ci m'est chère, c'est la paix de mon âme, c'est aussi celle-ci qui est à la base de la paix sociale, même mondiale dont j'ai soif.

Il est alors important que je sois éduqué au niveau du corps, de l'âme et de l'esprit. C'est par l'éducation spirituelle que ma nature est redressée pour que je puisse marcher à pas sûrs. Elle m'entraîne à voir les choses comme elles sont comme si j'étais sorti de la caverne, ébloui par la lumière, ne pouvant pas discerner les couleurs de ce monde. L'éducation spirituelle me fait sortir de la caverne pour que je puisse apprécier le monde tel qu'il est. Elle me détourne de la perdition.

Je suis ouvert à n'importe quelle éducation, qu'elle soit laïque ou chrétienne, pourvu qu'elle souligne l'importance de l'idée de la mort du comportement charnel vers l'édification de l'homme spirituel, moral et vertueux en faveur d'une paix durable, totale et absolue. Je pense que ce principe devrait guider les outils, les méthodes et les objectifs spécifiques en pédagogie laïque ou chrétienne en rapport avec les valeurs morales pour la formation d'une jeunesse intègre avant tout parce que « science sans conscience n'est que ruine de l'âme », disait Rabelais. Si au contraire l'éducation spirituelle n'est pas prise en compte, tout enseignement qui se limite au corps et à l'âme serait destructif.

Par exemple, je me souviens de *Mignone,* un poème réputé d'un auteur français, Pierre Ronsard, encourageant les principes du *carpe diem,* c'est à dire cueillir dès aujourd'hui les roses de la vie, saisir les opportunités du moment sans se soucier de l'avenir. Je reste un peu sceptique de l'utilité de cet enseignement si ça encourage l'apprenant de vivre uniquement le présent sans penser à l'avenir. Une éducation qui met l'accent sur un comportement charnel et naturel au niveau individuel est à la base de tous les vices.

Cependant, il convient de souligner que l'éducation doit être complétée par une force surnaturelle pour que l'homme ne continue pas de vivre sous l'emprise de la chair. Tous les principes moraux ne me serviraient à rien si je ne profite pas d'une intervention surnaturelle. Je sais que je ne peux pas me libérer du joug charnel à risque de voir ma nature revenir au galop. Pour que je puisse marcher sous l'impulsion de l'esprit, c'est par Dieu et surtout avec Lui que je deviens nouveau, cette fois supérieur aux autres animaux. Je ne suis plus créé mais j'ai été engendré par Dieu en esprit. Je suis sa propre progéniture. Il y a une nette différence entre créature et progéniture. Pour une créature, je peux créer quelque chose qui ne me ressemble pas, avec quoi je ne partage rien. Quant à la progéniture, je suis présent dans ce que j'ai engendré. Un père et son fils peuvent se ressembler parce que le fils a hérité des gènes de son père qui se sont par la suite manifesté physiquement à tel point que l'on puisse identifier l'un à partir de l'autre.

Dieu nous engendre spirituellement pour que nous héritions quelque chose de lui. Nous devenons des petits dieux à tel point que, à partir de ce que nous faisons, ce que nous disons et ce que nous pensons, les gens peuvent identifier que nous sommes enfants de Dieu et que nous avons acquis quelque chose de sa sainteté. Nous évoluons cette fois-ci de simples créatures (hommes naturels) à sa propre progéniture (enfants de Dieu).

La vie a été tellement amère quand je l'avais consacrée à la satisfaction de mes désirs charnels. Je regrettais souvent d'avoir vu le jour. Au contraire, quelque soit les souffrances charnelles sporadiques que je traverse des fois, je suis rempli de paix et de joie parce que j'essaie de dépasser la vie dans ce corps mortel pour vivre tout près de Christ et la main de Dieu protège ma vie contre les tribulations du monde. J'ai finalement compris que la paix et le bonheur dépendent uniquement de la disposition de notre esprit face à la vie extérieure et non de la disposition du monde à notre égard. Si le valet peut chanter un cantique en présence de son maître pensif et inquiet, ce n'est pas à cause de sa position sociale ou ses possessions, mais c'est la bonne disposition d'esprit qui fait déborder sa joie. Une vie paisible n'est possible que quand nous faisons mourir notre comportement charnel par la puissance du Tout-Puissant. J'ai vécu selon la chair et je sais vers où ça m'a acheminé. J'ai connu les tribulations de toutes sortes, je suis descendu au fond du gouffre quand personne ne se souciait de moi. J'avais perdu ma dignité jusqu'à devenir SDF. Aujourd'hui, je ressens le besoin, non de sortir de la chair, mais de ne pas lui céder beaucoup de droits. Celui qui nous donne la paix et la vie éternelle est Esprit et Il agit avec celui qui est plus spirituel que charnel. Le corps n'est qu'un agrégat d'atomes qui retourne à la poussière d'où il est venu, mais l'esprit est éternel. L'esprit est souffrant quand l'homme est conduit par la chair. Il sait qu'il n'a pas la même destination que le corps. J'ai bien tenté de satisfaire ma chair par les plaisirs de toutes sortes, et dans un désir d'impureté, j'ai dégringolé jusqu'à perdre la dignité d'un animal, encore moins d'un homme. Ceci parce qu'il y a des animaux qui vivent tout près des humains. Moi j'étais devenu indésirable, gênant, rejeté alors que certains animaux sont très choyés au même titre que les enfants du logis.

Au contraire, quand j'ai appris à marcher selon les impulsions de l'esprit, je demeure toujours dans la paix et Dieu demeure indubitablement en moi. Je combats dans la chair pour demeurer dans la parole qui m'a changé. Dans la société, on cherche à éviter la transgression des lois pour ne pas s'attirer des ennuis. Je fournis les mêmes efforts pour observer la parole afin que je ne retourne pas aux malheurs d'hier. Je suis sûr que Dieu fait quelque chose en moi, Il marche avec moi à une condition unique: je me découvre devant Lui afin qu'Il me transforme.

« Connais-toi toi-même. »

Socrate

La plus grande fortune pour un homme sage, c'est la vérité, rien que la vérité. La vérité est comme une lampe qui me permet de marcher sûrement dans les ténèbres. Sans cette lampe, il serait vain pour moi de commencer la route. La vérité dont je parle ici est la qualité de ce que je pensais et ce que je disais de moi. Avant que je ne sois éclairé par la parole de Dieu, il y avait une différence énorme entre ce que je pensais et ce que je disais de moi et ce que j'étais réellement. La meilleure des vérités qui m'est restée inconnue est que j'étais pécheur même avant que je ne m'en rende compte et que je portais les germes en moi de ma propre destruction. J'ai souvent cru que je suis riche et que je n'avais besoin de rien alors que j'étais non seulement pauvre mais aussi misérable. J'ai souvent cru que j'étais intelligent, sage et juste jusqu'à ce que je découvre que j'étais médiocre. J'ignorais l'essentiel: qu'un jour, mes faiblesses me conduiront dans la catégorie des sans abris. Mais Dieu, sage qu'Il est, ne m'a pas laissé dans cette ignorance terrible qui était l'ignorance de mes imperfections. Il a programmé une instabilité quelconque si je me tenais loin de la vérité. Cette instabilité a fait que je sois curieux en rapport avec mon état intérieur.

La parole selon laquelle nous sommes tous des pécheurs m'a réveillé du sommeil profond. J'avais l'habitude d'attribuer les différents incidents à une cause externe. C'était soit mon voisin, mon collègue, ou une autre personne qui était pointé du doigt. Je me considérais comme celui qui subit toujours les imperfections des autres jusqu'à ce que j'apprenne à être stricte et exigeant envers moi-même. J'ai été très surpris quand j'ai entendu dire qu'il n'y a plus de juste, pas même un seul, que je suis moi-même égaré et perverti et qu'il n'en est aucun qui fasse le bien, pas même un seul, que mon gosier est un sépulcre ouvert; que je me sert de ma langue pour tromper; qu'il y avait sous ma langue un venin d'aspic; que ma bouche est pleine de malédiction et d'amertume. Enfin j'étais curieux de connaître *le chemin de la paix* qui m'était jusque là inconnu. J'ai tourné le regard vers moi-même pour chercher la cause de mes plus grandes déceptions. La cause était moi-même.

Pour ce qui me concerne, le fait d'être conscient de ma condition misérable de pécheur, d'avouer à Dieu que je suis pécheur, que j'ai besoin du pardon, a allégé sans supprimer mon fardeau. Dès que je me suis rendu compte de mon état spirituel critique avec un cœur brisé et contrit, j'avais déjà commencé *mon chemin de paix*. Dieu est le plus proche de ceux qui ont le cœur brisé. Il me restait d'être humble pour que Dieu me fasse comprendre d'autres secrets. Mes études n'auraient pas pu me permettre de comprendre le vaste mystère de la paix intérieure sans le Saint Esprit, Lui qui nous enseigne des mystères qu'aucun savant scientifique ne pourrait découvrir.

Je suis devenu conscient de ma misère spirituelle, ce qui m'a permis de chasser de moi la conviction selon la quelle j'étais juste. Le fait de constater ma misère spirituelle, étant l'une des premières étapes salvatrices, a été une condition pour atteindre non ma perfection mais ma perfectibilité. Le Prophète Isaïe eut cette chance de se connaître lui-même avant qu'il soit appelé au service de Dieu. Il put se rendre compte que ses lèvres étaient impures par la révélation divine et son iniquité fut effacée. Cette révélation nous est tous utile. Nous ne pouvons pas commencer le chemin de perfection sans elle. J'ai réalisé que j'avais été si lent à apprendre mes imperfections. La leçon sur mes imperfections aurait pu être choisie la première à apprendre dans ma vie si c'était moi qui choisissait. Rien n'est plus malheureux qu'être un abîme de sciences, que connaître tous les oiseaux et tous les astres alors qu'on ignore son état d'esprit.

J'avais certainement un orgueil secret qui refusait toute transformation. C'est trop dur de vivre sans reconnaître sa misère spirituelle, et par conséquent, incapable d'appeler au secours. Une des impuretés les plus imperceptibles dans la vie est celle de nos lèvres. C'est surtout au moment où nous jugeons les autres que nous n'arrivons pas à réaliser que nos lèvres sont impures. C'est peut-être parce que parmi les commandements, il n'est pas écrit « Tu ne jugeras pas ton prochain »; mais ceci a été maintes fois repris dans l'Évangile. Il appartient au

Saint de juger.

Pour être conscient de ma misère spirituelle, il était important de me mesurer à Dieu et j'ai vite réalisé avec Isaïe combien j'étais pauvre spirituellement. Si par exemple je vole cent dollars, il m'est facile de juger celui qui a volé un million de dollars. Il est probable que je meure sans me rendre compte que suis souillé parce que je garde une image faussée de moi. Au contraire, si je vole un dollar seulement et que l'Esprit Saint me donne la capacité de voir ma vérité pour m'évaluer moi-même par rapport à la sainteté de l'Éternel, je me connaîtrais suffisamment. Je verrais l'image réelle de ma propre personne par rapport à la personne de Dieu et je serai conscient de ma misère spirituelle. Je verrais la poutre qui est dans mon œil avant de voir la paille qui est dans l'œil de l'autre.

Nous nous disons que nous sommes justes parce que nous avons de fausses références. Sans trop languir sur une situation hypothétique, je fais un parallélisme par rapport à cette situation. J'ai souvent cru que j'étais juste du simple fait que je ne m'accusais pas du sang des innocents, des actes de vol, etc. Mais je me trompais beaucoup parce que je n'étais pas né Dieu, donc parfait. J'étais simplement né homme, imparfait mais perfectible. Quand nous faisons un strict examen de conscience, nous pouvons trouver facilement que presque tous les péchés ont eu lieu dans nos cœurs.

J'étais parmi ceux là qui croient que, puisque leurs manquements spirituels ne sont pas connus de l'extérieur, ils peuvent faire semblant d'être pieux en essayant de montrer un caractère impeccable aux yeux de leur entourage. J'ai marché souvent dans l'ignorance de moi-même. Quand j'étais un enfant, j'étais en même temps un petit ange et un pécheur en puissance. Au fur et à mesure que je grandissais, le péché grandissait aussi. Il attendait d'être fécondé par le milieu extérieur pour devenir actif. Au contraire, quand j'ai confessé la triste vérité sur moi, que je suis pécheur sans penser même à mes péchés, le Saint Esprit a commencé une œuvre miraculeuse en moi. Il me guide et intercède en ma faveur avec beaucoup de soupirs.

Pour accéder à ma vérité, je me suis projeté à travers le miroir de Dieu et non pas à travers celui de la religion et j'ai pu me voir tel que j'étais. Si j'avais découvert la religion avant de découvrir Dieu, je crains que j'eusse pensé comme ce pauvre Pharisien. Selon lui, il n'était pas comme le reste des hommes qui étaient ravisseurs, injustes, adultères. La parabole nous dit qu'il n'était pas justifié malgré ses œuvres: ses dîmes et ses jeûnes. Il n'était pas justifié et rentra avec ses péchés parce qu'il n'était pas vrai. Il avait de fausses pensés sur lui. La plus grande faute serait de me croire juste en me référant sur les pratiques de ma religion. Pour ce Pharisien, il croyait que le fait d'avoir accompli les œuvres telles que les jeûnes et les dîmes versées régulièrement le rendaient juste.

Malgré toute bonne œuvre, je ne peux pas échapper à la condition de pécheur en tant qu'humain sans passer par la justification de mes péchés. Si je ne pèche pas en actes, je pèche en paroles ou en pensées même sans le savoir. Par conséquent, j'ai l'intérêt de chercher la justification en avouant que je suis pécheur sans contours et surtout en y renonçant. Je sais que j'ai fait des conneries et elles étaient connues de mon entourage. Quand je les ai reconnues et confessées avec repentir, j'ai senti au fond de moi un certain changement même si l'entourage ne pouvait pas s'en rendre compte. Au contraire, si je pose un acte que le public ne m'accuse pas, si je reste silencieux, quelque chose me ronge au fond de moi. Les apparences sont trompeuses. Même si les autres ont une bonne opinion de nous, ils ne connaissent pas la vérité qui est en nous. La vérité est au fond de nous-mêmes; c'est une affaire entre Dieu et nous-mêmes. Quand je me suis accepté tel que j'étais, quand j'ai tenu courageusement devant mon ivrognerie, j'ai défié ce que l'entourage disait de moi ainsi que les causes qui expliquaient sans justifier

mon comportement autodestructif.
Le Publicain, jugé pécheur par le Pharisien, rentra justifié. Il avait avoué ses transgressions. Il avait eu le courage d'accepter sincèrement ses iniquités. J'ai choisi de dire la vérité de moi, d'avouer mes transgressions, de les confesser et non de les couvrir. En choisissant la vérité, j'ai été justifié et mes péchés ont été effacés; tandis que si j'essayais de couvrir mes péchés, je resterais avec mes péchés et la paix de mon âme serait mise en cause.

Le roi David n'est pas le seul à avoir vécu cette expérience. Il dit qu'avant qu'il eût fait connaître ses transgressions, ses os se consumaient, il gémissait toute la journée; car la main du Seigneur s'appesantissait sur lui. Quand il avoua ses transgressions, il fut guéri du poids de ses péchés parce que Dieu lui pardonna et ses relations avec le Seigneur se rétablirent.

Ce que dit David est une vérité universelle. Cela arrive à tout le monde sauf celui qui confesse son péché. Beaucoup de personnes sont des hypertendus à cause des péchés qu'ils couvrent. Nous ne pouvons pas jouir de la paix intérieure si Dieu n'est pas en nous. L'esprit meurt quand il divorce avec Dieu. Nous savons que Dieu ne collabore pas avec le péché; Il est saint pour ne pas cohabiter avec lui. Non plus son saint Esprit ne peut pas être en nous dans un cœur non repenti.
Toutefois, des obstacles ne manquent pas pour que nous puissions affronter cette vérité: son ignorance et sa confession. J'ai ignoré souvent que j'étais pécheur et je me suis pris pour juste à tort. J'ai eu la chance de rencontrer la parole qui m'a servi de miroir pour me voir tel que j'étais. Je sais que je ne me suis pas trahi, j'ai mis de côté la gloire des hommes; car avec Dieu sont la richesse, la gloire, et les biens durables. Les biens et les honneurs qui nous séduisent dans le péché ne viennent pas de Dieu mais il s'agit d'une simple contrefaçon satanique. Quand je pensais à renoncer à mes péchés, j'avais de mauvaises inspirations comme quoi

j'étais trop loin, irrécupérable. Le diable essayait de me cacher la position de mon Dieu face à mon doute. J'ai aussi cru que, en mettant fin à certaines pratiques comme la fréquence des bistrots, l'angoisse m'assaillirait et la vie deviendrait plus lourde. Je me suis trompé parce que, le jour où j'ai tout donné au Seigneur, la vie est devenue plus romantique que je ne le croyais.

La parole de Dieu nous dit que le salaire du péché c'est la mort. Mais par la ruse satanique, j'étais convaincu que je ne serais jamais à l'aise aussi longtemps que je ne prendrais pas de la bière. La mort dont nous parle la Bible est ici celle de l'âme et c'est celle-ci qui est trop dangereuse étant éternelle; tandis que la mort physique est pour certains un pont qui relie la vie dans ce monde et la vie éternelle.

J'ai souvent bu pour essayer d'éteindre mes soucis. Curieusement, ils ont augmenté plutôt que de partir. La parole m'a si bien orienté, elle m'a encouragé de penser d'abord au royaume avant de me concentrer à mes soucis. Je ne suis pas un sans soucis mais je ne suis plus conduit par le doute et la peur. Je poursuis le royaume de Dieu et Dieu prend en charge la somme de mes besoins. Pour ceux qui sont sages, les biens matériels ne sont pas la finalité de leur vie qu'ils peuvent idolâtrer. Ce sont seulement des moyens pour vivre.

La vérité est une clé qui nous ouvre le portail sur *le chemin de la paix*. Que nous ayons une position sociale importante, qui que nous soyons, osons affronter cette vérité. Cette vérité est la première brique que nous posons pour conquérir notre paix intérieure et avoir la vie éternelle. Humilions-nous, combattons l'ignorance par la parole, demandons la lumière du Saint Esprit pour accéder à cette vérité.

J'étais un de ceux qui se trompent sur leur justice et qui se disent ne pas avoir besoin de se repentir. Beaucoup sont ceux qui se trompent de cette façon se disant qu'ils sont justes sur base de leurs traits de personnalité et qu'ils n'ont pas besoin de salut. Pourtant, ils commettent d'innombrables péchés sans le savoir. Combien de fois par exemple des déclarations comme « tu es fou, il est fou ! » sortent de nos bouches? Combien de fois racontons-nous des blagues que nous n'avons pas vérifiées et qui portent atteinte à la dignité des personnes impliquées dans ces blagues? Consciemment ou inconsciemment tu es pécheur, repens toi et dis la vérité.

« L'œuvre de la justice sera la paix, et le fruit de la justice le repos et la sécurité pour toujours. »

Esaïe 32:17

J'ai eu une chance inégalable quand j'ai été au courant que j'étais pécheur et que je n'étais pas en parfaite harmonie avec Dieu. Je sentais une certaine culpabilité dans mon cœur. Souvent je me suis endurci dans le péché parce que je cherchais l'approbation des hommes qui n'était pas facile à recouvrer. Souvent je me suis dit qu'il faut progresser au fond du gouffre croyant que le temps pour me ressaisir était dépassé. Personne ne veut être désapprouvé, et quand tout le monde parlait contre moi, cela me conduisait à croire qu'il était trop tard pour changer. Tout cela m'a conduit à me condamner moi-même à cause des opinions de la part d'autres personnes. Je voulais acquérir la justice afin de me sentir comblé au fond de mon cœur; mais cette justice que je cherchais était celle des hommes. C'est après que j'ai réalisé qu'il faut acquérir une autre justice que celle des hommes. En effet, j'avais besoin d'une autre justice qui viendrait contrecarrer ma nature pécheresse et corrompue par la foi en notre Seigneur Jésus Christ, l'unique source de justification. Sa justice est plus forte que mes péchés. Si Dieu n'a pas décrété que nous sacrifiions ce qui est charnel et matériel pour le péché de notre âme, j'ai cru qu'il me fallait avoir seulement la foi pour acquérir la justice. Finalement, Dieu a accepté mon cœur contrit et personne ne pourra condamner celui que Dieu a justifié.

Même s'il était ainsi, personne n'avait le droit de me juger. Nous avons tous péchés et nous sommes tous privés de la gloire de Dieu. Mais ils sont heureux ceux qui sont au courant de cette bonne nouvelle: nous avons été justifiés par la grâce divine. Dieu a sacrifié son Fils unique qui a porté tous nos péchés sur la croix et nous a transféré toute sa justice par la foi en Lui. Ceci est la fondation de la justice qui m'a arraché à la mort puisqu'il n'y a aucune condamnation pour ceux qui sont en Jésus Christ notre Sauveur. Je me fatiguais pour rien si je m'efforçais d'accomplir les œuvres pour me justifier. Les œuvres de justice devraient être la conséquence de la justice par la foi en Jésus et non la fondation de la foi. Quand je m'adresse à ceux qui sont un peu attachés à cette vieille tradition de se justifier par les œuvres, la même réaction m'est opposée: « Ne juge pas puisque chacun a sa propre foi. » Cette déclaration m'a souvent accusé jusqu'à ce que le Saint Esprit me révèle le secret qu'il y a un seul Seigneur et une seule foi. Les autres pratiques de justification proviennent des croyances sectaristes et pas de la foi parce que la foi est une chose produite en nous par la parole de Dieu. Ceux qui ont acquis la justice qui passe par la croix sont les seuls à être comblés de paix et de bonheur intérieurement.

Mon expérience personnelle m'a révélé la vraie justice génératrice de paix intérieure. Cette justice n'est pas confondue avec la discipline. C'est plutôt un cadeau que nous pouvons conserver avec discipline. Quand nous sommes abandonnés, quand nous sommes marginalisés à cause de nos imperfections, il est difficile de faire un chemin de retour pour acquérir la justice devant les hommes. Les hommes nous voient dans le passé et Dieu nous voit dans l'avenir qu'Il ne tarde à nous justifier. Cette justice que nous recevons de Dieu est gratuite; elle a eu un pouvoir magnétique sur moi quand j'ai entendu celui qui est venu m'appeler en tant que pécheur et non en tant que juste. Une personne qui n'a jamais eu de problèmes de vie relationnelle ne peut pas évaluer combien on se réjouit quand on entend qu'il y a quelqu'un, aussi important que Jésus Christ, qui vous considère avec un profond respect au moment où presque tout le monde veut vous jeter la pierre.

Cette justice qui nous est accordée par la grâce passe par notre foi en Jésus Christ. Elle me rend stable mais doit être suivie par la justice des œuvres résultant de ce qui est semé en moi par la seconde naissance et non de la peur de la loi. Autrement dit, ce que je fais de bien aujourd'hui n'est pas forcément réfléchi ou mesuré en termes d'intérêts. Il s'agit des fruits de mon état intérieur équilibré. Je me serais trompé si j'insistais sur la justice sans les œuvres, car la foi se manifeste par les œuvres. Ces œuvres ne sont pas celles de la loi mais il s'agit des œuvres de l'amour qui vient de notre Père céleste, Lui qui m'aide à dompter le monde à travers la foi en Jésus Christ.

Cette justice par la foi cimentée par les œuvres requiert un certain attachement de ma part au royaume de Dieu et sa justice en me séparant du monde des méchants, des pécheurs et des moqueurs en trouvant mon plaisir dans la loi de l'Éternel, la méditant jour et nuit.

Mais il faut noter que cette force de se garder loin du monde corrompu ne vient pas de moi mais de Dieu par la seconde naissance étant donné que tout ce qui est engendré par Dieu a le pouvoir de triompher sur le monde. Je sais qu'il y a du plaisir quand on passe une nuit dans une boîte de nuit. Mais le regret qui suit est trop fort. C'est par la volonté que j'ai décidé d'abandonner l'habitude d'aller dilapider mon argent dans les bistrots et les boîtes de nuit. Mais c'est par la grâce que j'ai eu la force de rester fidèle à ma décision. Je rends grâce à Christ qu'aujourd'hui, je ne cherche pas à maximiser le temps dans les plaisirs charnels. C'est très bénéfique pour ma vie intérieure d'autant plus que j'ai réalisé que les plaisirs charnels sont l'ennemi numéro un de mon bonheur.

J'ai un but dans ma vie, celui de persévérer dans la justice. La justice me fait progresser vers le repos de mon âme, vers la paix intérieure. La justice m'épargne d'une vie remplie de troubles d'esprit même quand mon corps est menacé. C'est par la justice que je conclue une alliance solide entre moi-même et Dieu qui est le garant de ma paix intérieure. C'est par elle que je parviens à maîtriser les passions négatives même quand je vois qu'un danger du corps est imminent.

Le temps du repos final n'est pas encore arrivé. Si le Fils de Dieu a souffert dans ce monde, ses disciples souffriront aussi. Mais face à différents troubles, je sais que j'ai un bouclier, un rocher pour m'épargner du mal et de mes ennemis si je pratique la justice. Ce bouclier est Jésus Christ. Il est vrai que ces troubles peuvent me ravir mon corps mais jamais mon âme. En persévérant dans la justice, je sais que les risques ne sont pas anéantis; mais rien ne peut me nuire spirituellement. Je sens la nécessité de craindre ce qui tue l'âme et non le corps. Mon âme prévaut sur le corps. Je veux être attaché à mon Dieu comme l'écorce à l'arbre ou comme la ceinture à celui qui la porte. Les jours où j'ai erré dans les plaisirs m'ont coûté cher. Quand j'ai séjourné dans mon corps en lui obéissant, j'ai manqué ce qui m'était essentiel: la paix intérieure. Je reste dans mon corps mais il n'est plus mon directeur, mon chef ou mon gérant.

Je reste un être faible. Mais celui qui m'a justifié me fortifie et continuera de me fortifier. Ce monde paraît être splendide, il m'attire. Mais si j'essaie d'évaluer le temps que je vais y séjourner, il est inutile que je m'occupe beaucoup de lui. Je sais que j'ai besoin des choses matérielles; mais je dois faire attention à la manière dont j'arrive au but en évitant d'arriver à la fin par tous les moyens. Ceci pourrait me priver de la justice. Sans cette justice, je peux avoir toutes ces choses matérielles et ne pas m'en réjouir. Je ne vois pas à quoi me servirait de vivre dans une villa sans sommeil ou avoir tout ce qui est délicieux sur ma table sans appétit.

Si je prétends être né de nouveau, c'est que je dois m'attendre à avoir la victoire sur le monde. Sans la victoire sur le monde, celui-ci l'emporterait sur moi. Mon alcoolisme avait quelque chose lié à la peur et à l'inquiétude. Je voulais effacer les craintes mais elles résistaient malheureusement. Je ne pouvais pas formater mes craintes en moi. Après quelques heures seulement de prise d'alcool, j'avais un multiple regret: la fatigue, le gaspillage, les conneries dont je prenais immédiatement note, etc. Il fallait bien que je mette en évidence mes peurs afin de les surmonter. Il était inutile de mener un combat physique contre ce qui est spirituel. J'avais acquis la mauvaise habitude d'enterrer les peurs par l'alcool petit à petit. Mais aujourd'hui, non seulement j'ai abandonné cette habitude destructrice mais aussi je ne m'inquiète pas souvent. En regardant un peu en arrière, j'ai remarqué que les boulots que j'ai eus ne sont pas ceux-là que j'ai chassés avec beaucoup d'énergie. En plus, je ne me suis pas marié avec les filles que j'ai courues après. Pour la plupart des cas, nous perdons des énergies pour rien. Nous devrions tout simplement rester sur le sentier de la justice. Tout est possible parce que notre esprit est illimité.

La première stratégie que j'ai utilisée pour déraciner mes craintes est celle de la déconstruction de certains préjugés comme quoi je devais subir le sort de mon oncle qui avait mené une vie de délinquance et qui avait été porté disparu, disait-on.

Nous arrivons souvent à croire inconsciemment ce que l'on déclare contre nous. Nous sommes souvent attentifs aux mauvaises langues plutôt qu'aux paroles qui nous valorisent et qui nous consolent. Ce n'est pas tout le monde qui a le pouvoir de contrôler les choix. Beaucoup mettent en cause leur liberté de contrôler leur destinée à cause de très petites déceptions. J'ai été parmi ceux-là jusqu'à ce que la grâce me repêche. Nous sommes sensés remporter la victoire sur le monde en rejetant nos craintes. Les choses que nous craignons s'approchent de nous souvent tandis que les choses que nous ne craignons pas ne nous arrivent pas souvent. Il m'a alors pris du temps pour reprogrammer ma vie intérieure en croyant à la parole de Dieu. La mauvaise herbe s'était enracinée en profondeur que la plante désirée ne poussait pas normalement. Ma vie a été reprogrammée par la parole de Dieu; c'est dans celle-ci que j'ai trouvé le remède pour pouvoir mener une vie normale. En effet, une foi solide ne cohabite pas avec les peurs mais elle les déracine pour nous rendre libre. Je ne peux pas non plus avoir la foi solide si je tends mes oreilles à ce qui fait peur. La foi doit être protégée par une certaine censure de ce que nous écoutons. Si nous écoutons souvent des gens qui ne déclarent que des craintes, notre foi peut être détruite.

Je ne vois aucune raison qui pourrait me pousser à perdre les pédales. Dieu sait très bien que j'ai des besoins réels dans ma vie. Sa fidélité est incontestable pour ceux qui sont patients. Si j'essaie d'y arriver par des moyens malhonnêtes, je m'attire la colère de Dieu car Il sait que ma dignité se trouve ailleurs, dans la jouissance de la vie spirituelle. Personne ne serait capable de justifier un si grand engouement pour le monde dont la jouissance ne dépasse pas le plafond de cent ans. Même si la jouissance du monde pour moi serait égale à presque un millénaire comme dans les premiers temps, je sais qu'une vie intérieure paisible et appréciable ne dépend pas de la jouissance du monde et que même l'éternité dépend de la vie que j'aurai menée intérieurement.

En négligeant la justice, je refuse que Dieu demeure en moi car je n'ai pas de place qui Lui est réservée. J'accorde délibérément cette place à quelque chose que je recherche avec zèle: ce qui devient idolâtrie. Je croyais que être idolâtre n'est qu'adorer d'autres dieux; mais on peut être idolâtre parce qu'on adore quelque chose qui procure un plaisir sensuel. Je pense moi-même que j'ai pratiqué l'idolâtrie quand je ne pensais qu'à la bière jour et nuit jusqu'à ce que ma vie tout entière soit consacrée à la boisson. J'ai finalement découvert que ma vie n'est pas faite pour les plaisirs sensuels mais pour autre chose: un bonheur plus profond qui n'est pas conditionné par ce que je procure à mon corps. Je me suis laissé appartenir corps et âme à la poursuite des plaisirs en négligeant le Royaume de Dieu et sa justice. Je sais ce que ça coûte. C'est la justice qui me fait vivre dans le repos de mon âme. Comment pouvais-je mener une vie paisible alors que j'avais fait de mon corps le temple où les désirs de ma chair étaient souverains par rapport aux désirs de mon esprit. Je n'ai pas à m'inquiéter maintenant. Celui qui prend soin de ma vie intérieure rassure aussi la sécurité de mon corps si je persévère dans la justice. Nous avons peur de rien. La peur est notre ennemi; mais la foi est notre tremplin pour atteindre les objectifs les plus nobles de la vie.

Certains peuvent croire que s'ils persévèrent dans la justice, les malheurs ne tomberont pas. Au contraire, la parole de Dieu n'indique nulle part que le juste n'aura pas d'épreuves mais elle précise bien que le malheur atteint souvent le juste, mais l'Éternel l'en délivre toujours. En plus, je suis convaincu que mes épreuves seront toujours à ma mesure. Elles auront une finalité avantageuse que j'ignorerais si elles sont causées par Dieu. Je ne sens qu'un seul devoir moral: garder la sérénité tous les jours de ma vie, dire oui aux désirs de mon esprit et dire non aux désirs de ma chair, l'impitoyable colon.

Il y a une attitude négative que j'avais dans les temps passés et qui me conduisait dans un comportement à risque. Je n'avais pas la force d'attendre. L'impatience qui me brûlait me poussait à créer une vie artificielle par une consommation exagérée d'alcool. Ma foi n'était pas saine puisqu'elle n'était pas constante. J'étais agité de côté et d'autre par le doute et la peur. Il me fallait attendre dans la justice mes opportunités avec sérénité. Bob Proctor, dans *You Were Born Rich*, a raison quand il nous fait part de la loi d'attraction. Les choses que nous voulons nous rejoignent facilement quand nous les recherchons et les attendons sereinement et surtout résolument plutôt que quand nous les poursuivons étant motivés par l'impatience de la possession de ces choses.

J'avais grandi dans une maison dont les matériaux n'étaient pas durables. Elle avait fini par s'écrouler. J'avais continuellement peur de ne jamais avoir une maison à moi. Cette peur m'a conduit non seulement à perdre la vision de bâtir une maison à moi mais aussi à devenir alcoolique SDF. Les choses que nous vivons en esprit finissent par se manifester physiquement.

Au plus profond de moi, dans mon subconscient, j'avais une peur plus forte que ma foi: celle d'être un sans abris. Un jour, je le devins quand personne de la famille ne voulait m'héberger au moins deux jours. Satan voulait plus que ça: ma vie. Satan a profité de ma peur pour me réclamer en vain parce que la main de Dieu était toujours sur moi. Je suis tombé sept fois dans les mains des brigands, entrain d'errer pendant la nuit. Certains tentaient de m'étrangler mais je ne sais pas comment Dieu m'a sauvé. J'ai été mis dans les cachots huit fois, non parce que j'étais le plus fautif, mais parce que Satan voulait profiter de ma peur pour détruire complètement ma foi. Je garde une mémoire horrible des cachots. C'est une expérience que je ne souhaite à personne. On est déshumanisé, tout le monde a une attitude hautaine vis-à-vis de vous. Vous êtes au cachot pour la deuxième fois, vous êtes toujours un bourreau, jamais une victime. Même si le lion vous dévorait, on se mettrait d'accord que c'est parque vous l'avez agressé.

La peur dérange. En plus, elle attire vers nous les choses que nous craignons. Ce dont j'avais peur, c'est ce qui m'est arrivé: je suis devenu un Sans Domicile Fixe. La peur ne nous arrange en rien sauf qu'elle nous pousse à fuir les solutions. Mais la foi nous garde sur la place où nous allons avoir des solutions à nos problèmes. La foi est une ancre qui nous garde tout près du chemin où les opportunités passent.

Satan use des manœuvres difficiles à décoder à moins que vous ayez une capacité de discernement assez poussée. Imaginez-vous deux filles qui ont faim et qui ont peur de mourir de faim. Satan les trompe en mettant devant elles un homme qui a de l'argent et qui veut du sexe. La première fille accepte de coucher avec lui mais l'homme en question ne lui donne pas seulement l'argent; il lui donne aussi le SIDA. Après un mois, la fille se retrouve dans la même situation de famine. Cette fois-ci, non seulement elle a faim mais aussi elle a le

SIDA. Pour la deuxième, elle refuse catégoriquement et accepte de mourir de faim plutôt que vendre son sexe. Heureusement, après son refus, il y a quelqu'un, de bonne foi, qui répond à son besoin. Dieu est fidèle pour ceux qui gardent son alliance et ses commandements. La première s'enfonce croyant qu'elle trouve la solution; la seconde est sauvée même si elle avait pris le risque de mourir. Toute est possible pour celui qui a la foi; mais rien n'est possible pour celui qui est habité par la peur.

Pierre, le disciple, à cause de sa peur et son doute, a commencé à s'enfoncer dans l'eau. C'est comme ça que, à cause du doute et de la peur, certaines situations nous dépassent. Pourtant, nous doutons d'un Dieu capable. J'ai souvent décidé de m'enfoncer dans l'alcoolisme parce que j'étais convaincu que j'étais irrécupérable. Mais en un clin d'œil, j'ai récupéré ma destinée par la foi. Tout n'a pas été réparé d'un coup. Il y a une chose essentielle que j'ai vite sentie dans mon cœur: la paix. Ceci n'est pas gratuit. Christ venait de rendre nulle l'ordonnance de condamnation. Il y a une opération spirituelle qui venait d'être faite. Matériellement, j'étais encore accablé de dettes. Mais elles ne me faisaient plus peur. J'ai pris la décision de commencer à rembourser graduellement. Quand Christ vous a justifié, cela devient manifeste. Les uns m'ont remis la dette que je leur devais, les autres m'ont attendu. Il s'agit d'une affaire de sincérité. On devient plus crédible quand quelqu'un constate que vous vous souvenez d'une dette d'il y a deux ans. Il vous fait confiance plus qu'avant. Quand on est spirituellement justifié, les conséquences matérielles suivent. Certaines choses peuvent être irréparables; mais il est bon de réparer l'essentiel: son cœur.

Le fait de demeurer juste dans les difficultés, le fruit de la foi, est une bonne disposition intérieure qui affecte aussi la vie extérieure. Je ne ferais qu'aimer la justice qui active le plan de Dieu pour moi. En effet, j'ai vu beaucoup de choses s'accomplir sans que je fournisse le moindre effort. Je pense à une chose: ou bien je choisis le plan merveilleux de Dieu qui est la bénédiction en recherchant avec zèle la justice de Dieu, ou bien je choisis la malédiction si je préfère marcher selon les impulsions de ma chair. Je n'ai pas été SDF parce qu'il manquait une place pour moi dans le monde entier. D'une manière ou d'une autre, j'avais choisi d'errer, de perdre ma dignité en écoutant non l'esprit mais la chair. J'étais dans le mauvais emplacement pour recevoir la bénédiction divine. L'esprit a le vif désir de la justice alors que la chair n'a besoin que de la délinquance. La bénédiction n'est plus une finalité de ma vie, je sais que c'est un acquis absolu pourvu que je ne change pas d'emplacement. J'ai seulement besoin d'une foi ferme pour rester là où Dieu veut me retrouver: sur le sentier de la justice. La seule stratégie que j'utilise pour demeurer sur le sentier de la justice n'est que combattre contre la peur. La peur et la foi sont deux antagonistes qui combattent à l'intérieur de l'homme. Quand la peur l'emporte, c'est l'insécurité intérieure. Quand la foi l'emporte, nous sommes stables et les portes s'ouvrent devant nous.

J'avais soif d'acquérir la justice; mais je ne savais pas comment. J'essayais de faire de bons actes croyant qu'ils pouvaient neutraliser mes péchés. Des fois je croyais que c'était trop. Les bonnes actions que je faisais étaient de loin plus faibles que l'un de mes péchés. Seule la justice de Jésus Christ qu'Il m'a transférée est plus forte que mes péchés, nombreux soient-ils, qu'Il a pris avec Lui sur le lieu du Calvaire. Une chose a été alors très importante: avoir la foi en Jésus Christ. Sa justice m'a été imputée immédiatement pour que je fasse partie de la nation divine et sainte sans condamnation. Ne voulant pas toutefois chanter la justice qui vient de la foi, justice qui peut sous certains aspects justifier la paresse spirituelle, je pense bien qu'il faut plutôt chercher sa justice dans le bien en mettant de loin le plan du mal. Est-ce possible? Absolument oui, mais tout en cherchant d'acquérir une autre valeur qui est la liberté.

« La meilleure façon de recouvrer la liberté, c'est de rompre les chaînes qui blessent le cœur et de mettre un terme à son tourment. »

Ovide

S'il arrive que j'aie un cœur contrit et que je confesse ma pire vérité que je suis un pécheur, que je reçoive la justice qui m'est imputée par la grâce, je ne suis pas achevé pour avoir la paix intérieure en plénitude. Il faut que je me laisse transformer par Dieu pour atteindre la liberté en tant que être perfectible. C'est une condition sine qua non pour que je puisse avoir la paix intérieure. Je parle ici de la liberté dans le sens de la responsabilité du bien et du mal, une valeur intrinsèque sans laquelle il m'est impossible d'accéder à la paix intérieure. La bonne façon dont j'ai procédé pour devenir relativement libre était de reconnaître que je n'étais pas libre. J'étais capable de choisir entre le bien et le mal. Mais je n'étais pas capable d'agir selon ma bonne volonté. Certes, j'avais su que ma vie n'était pas désirable, j'avais voulu changé maintes fois mais je ne pouvais pas être l'homme que j'avais désiré être. En effet, j'ai fait terriblement des gaffes que je regrettais instantanément. Je ne comprenais pas ce qui m'arrivait parce que les bons projets que j'avais étaient inactivés par je ne sais quoi alors que ce que je ne souhaitais pas m'arrivait souvent.

Si je suis un peu profond, je peux définir ma liberté non en fonction du pouvoir d'élection mais en fonction du pouvoir d'action indépendamment des forces négatives tant intrinsèques qu'exogènes qui s'opposent à moi, une valeur morale qui rend possible mes actions selon ma propre volonté en ne faisant que le bien que je veux et en ne faisant pas le mal que je déteste. Or, il est évident que, même si je haïssais le mal, je suis resté pour la plupart des cas un enfant en termes de responsabilité morale. Je suis resté pour un bon bout de temps prisonnier du mal que je ne voulais pas. J'étais comme un docteur fumeur qui connaît tous les risques qu'il encourt en fumant mais qui ne voit pas comment s'en sortir lui-même. J'ai agi maintes fois contre ma propre volonté. Différentes actions que je regrettais se répétaient souvent mais j'échouais de faire les choses que je voulais car il y avait quelque chose en moi-même qui résistait au bien et qui me dictait de faire du mal. Ce quelque chose devait être le mal dont les origines devaient être repérées.

Tant que je restais ignorant qu'il n'y a pas d'effet sans cause, je n'aurais pas recouvré mon cadeau de Dieu: la liberté. Donc, d'une manière ou d'une autre, Dieu et moi sommes des co-créateurs de ma liberté. J'ai compris que même si la cause explique l'effet, elle ne le justifie pas. Je suis sûr qu'il y avait quelque chose qui m'avait jeté dans l'alcoolisme; mais cette cause ne me justifiait pas quand par exemple j'étais jeté dans un cachot pour répondre à mes actes liés à mon ivrognerie. Les huit fois que j'ai été mis en cachot ont été pour moi non seulement une expérience pénible mais aussi une opportunité de réfléchir profondément sur ma liberté. Chacun a donc le droit de cultiver et d'exercer le don de son libre arbitre et ne pas succomber aux conditionnements internes ou externes à sa personne. Il suffit de cultiver en soi une prise de conscience de soi. Quand j'ai vu que je faisais des choses contraires à ma volonté, je me suis assis pour me connaître. Je devais être conscient des défis qui faisaient défaut à ma volonté. J'avais aussi les forces. J'avais mon libre arbitre. A côté de mon pouvoir arbitral, j'ai toujours la grâce de Dieu qui me fortifie, qui me met à la hauteur de mes faiblesses.

Paul s'exprime bien à ce sujet quand il dit qu'il ne sait pas ce qu'il fait parce qu'il fait le mal qu'il déteste mais qu'il ne fait pas le bien qu'il aime à cause du mal qui habite en lui, qu'il a la volonté de faire le bien, mais non le pouvoir. Il est alors évident que nous ne sommes pas concrètement libres et que, pour être libres, nous devons faire attention à certains déterminants tant intérieurs qu'extérieurs qui sont des forteresses érigées contre notre liberté. Sans la liberté, notre joie, notre bonheur, notre paix intérieure ne seraient qu'une illusion.

Avant de jouir d'une certaine liberté, il a fallu que je sois conscient de moi-même comme Paul: il fallait bien que je sache que le mal habite en moi pour m'en libérer. Il était aussi important que je passe d'un certain état naturel à un certain autre état surnaturel par la puissance de l'Esprit Saint. Dans la plupart des cas, j'ai fait le mal que je détestais et je n'ai pas été capable de faire le bien que je voulais parce que j'ignorais que je n'étais pas le maître de moi-même. J'ai continué de vivre des situations déplaisantes (souvent le gaspillage du temps et de l'argent) liées à mon alcoolisme qui découlaient du mal qui était en moi-même. J'avais accepté d'adopter une attitude passive envers ma situation. Je buvais, je me lamentais, je regrettais, c'était toujours le même cycle méconnaissant pourquoi je buvais excessivement. J'ai fait le mal que je haïssais parce que je n'étais pas libre, ignorant le mal qui habitait en moi. Je suis resté pour longtemps au stade de la prise de conscience et du regret du monde qui produit la mort et non la tristesse selon Dieu qui produit une repentance à salut.

Quand j'ai reconnu ma maladie, j'étais à moitié guéri. Après avoir diagnostiqué une maladie et son agent causal qui peut être un parasite, un virus ou une bactérie, il ne reste qu'à chercher un médicament approprié pour détruire le microbe. Ce qui est mauvais, c'est de faire une fausse attribution causale quand on attribue une fausse cause à un événement. Par exemple, un époux qui accuse continuellement son partenaire ignorant les causes internes à lui-même de l'échec matrimonial n'a pas de chance de sortir de la situation. Beaucoup sont ceux qui ont creusé la tombe de leur vie matrimoniale en accusant leurs conjoints ignorant que ceux-ci sont plutôt les meilleurs du monde, faits pour eux, mais qu'ils portaient eux-mêmes les germes du malaise matrimonial. J'ai moi-même pris du temps pour voir d'une manière nette les causes profondes et internes de ma dépendance alcoolique mettant de côté tout ce qui venait de l'extérieur comme blessure. Je me suis contenté de ce que j'étais moi-même responsable pour sortir de ma situation critique. Mes proches croyaient que j'avais été ensorcelé à cause de mon comportement atypique. Mais il ne fallait pas diagnostiquer le problème ailleurs qu'en moi-même.

Il était important de me connaître, de méditer, de ne pas rester dans la passivité destructrice pour aboutir à une certaine liberté afin de ne pas continuer à agir contrairement à ma libre volonté. Agir contrairement à ma volonté, c'était la cause numéro une de mes regrets, de ma souffrance, du rejet de moi-même, de mes échecs et partant d'une vie qui n'était ni paisible ni harmonieuse. Après une longue réflexion, j'ai réalisé que quatre principaux facteurs avaient bousculé ma liberté: mes déterminants historico-sociaux, mes déterminants naturels, mon ignorance et mes déterminants providentiels.

Je suis engagé de rester ferme quand ma liberté est bousculée afin de ne pas me laisser mettre de nouveau sous le joug de la servitude. Je suis profondément convaincu que Christ m'a déjà affranchi pour la liberté.

« Connaître son passé est une manière de s'en libérer. »

Raymond Aron

Avoir la foi en Dieu n'est pas une chose unique qui nous pousse à avoir une certaine excellence morale. Notre vie chrétienne peut être une vie moins appréciable et moins paisible que celle des incrédules quand nous n'avons pas été libérés de notre passé. Mais la foi en Dieu est la fondation. Ceci peut être normal dans la mesure où notre passé a souvent des répercussions sur notre présent; notre passé reste toujours connecté à notre présent. Notre passé peut être un obstacle à notre chrétienté. En plus, nous vivons dans un monde où les tempêtes sociales deviennent de plus en plus virulentes, où même la violence est devenue un acte héroïque que nous en sommes victimes dès notre enfance. Ceci fait que notre liberté soit parfois mise en cause au cours de notre existence. De toutes les façons, personne n'a la licence de faire du mal parce qu'il a mené ou mène une existence difficile: nous n'avons aucune raison de nous prostituer, de prendre la drogue, de tuer, etc. même quand les circonstances semblent nous justifier. Celui qui supporte la tentation est heureux parce qu'il recevra la couronne de vie après avoir été éprouvé. Si on vainc sans périls, on triomphe sans gloire. Nous sommes tous sensés vaincre le mal qui est en nous, résister avec courage à tout ce qui nous implique au mal que nous ne choisissons pas mais que nous faisons malgré nous.

Cependant, personne n'est à mesure, par lui-même, d'être à la hauteur de son inconscient, grenier de nos traumatismes antérieurs, sans l'intervention de notre Seigneur Jésus Christ. Même si nous essayions de transcender notre passé tout en prétendant agir librement, nous échouerions lamentablement parce que ce qui nous détermine à agir d'une certaine façon s'y opposerait farouchement. Jésus seul peut nous en délivrer. C'est grâce aux souffrances de son âme que nous avons été libérés de la dépression ou d'autres maladies mentales. Ce n'est pas du tout une fable. J'étais candidat à la maladie mentale chronique mais j'ai été libéré par la grâce du Seigneur. Beaucoup d'autres l'auraient été ou le seraient n'eût été ce sacrifice saint et éternel à voir les différentes tribulations que le monde subit. Certains traumatismes dépassent même la capacité des psychothérapeutes à cause de leur nature ou leur dimension.

Par exemple, un enfant qui assiste au viol de sa mère qui, après avoir été violée, est poignardée au vu de cet enfant, n'est pas facilement libéré de ce traumatisme au cours de sa vie. Celui-ci, au moment du viol et du coup de poignard de sa mère, n'était pas capable de la défendre. Ses actions violentes tardives pourraient être des réponses qui vont traduire ce traumatisme. Nous avons tous quelque chose qui nous prive de notre liberté, la possibilité de ne faire que le bien que nous aimons et non le mal que nous détestons.

Je crois qu'il serait important de partir de mon cas concret pour pouvoir faire part de mon expérience à tous les prisonniers de la dépendance de l'alcool, de la drogue ou d'un autre mauvais penchant. Tout commence d'une manière insidieuse prétendant combler un certain vide intérieur ou atteindre l'idéal du bonheur. Ce qui est malheureux, ça monte d'une manière exponentielle et quand on a atteint un point culminant, on prétend faire un combat pour faire le chemin de retour, mais en vain. Ce fut mon cas. Les chaînes de l'habitude sont trop légères pour se faire sentir avant qu'elles soient trop lourdes pour être brisées, disait Warren Buffett.

La terrible histoire commence avec le décès de ma mère. La chance d'adresser mes adieux à ma mère ne me sourit pas puisque sa mort survient quand je suis élève de l'école secondaire à régime d'internat et surtout très loin de chez nous. Il n'est pas possible de m'attendre pour une autre raison: elle n'est pas morte à l'hôpital pour qu'elle soit mise dans la chambre froide. On ne peut pas donc attendre, c'est une nécessité de l'inhumer vite. Après cette séparation, je continue les études avec succès mais le deuil n'est pas du tout consommé. Elle, ma mère, revient souvent et on se parle pendant les rêves. Alors que je me réveille, il faut au moins cinq minutes pour que je me souvienne qu'elle n'est plus. C'est la crise et je commence à fréquenter les bistrots avec les amis pour pouvoir maîtriser ce malaise interne avec le risque de mettre en cause mes relations. Plus je grandis et que les opportunités d'avoir l'argent se multiplient, c'est une bonne occasion pour moi de rester le plus longtemps possible dans les bistrots. J'atteins alors le point le plus culminant d'alcoolique SDF ayant brisé toutes les relations familiales et sociales. Une seule relation me restera – Jésus Christ – le seul point d'attache qui me reconnectera à toutes les autres relations après. Je dois dire qu'il y a des moments de notre vie où le recours n'est pas quelque chose ou quelqu'un que nous pouvons voir ou toucher mais de la force et du courage issus de notre foi pour croire à l'invisible.

Ainsi, il a été important pour moi que je prenne l'effort de connaître ce qui déterminait mes mauvaises actions que je regrettais. Il fallait que je fasse quelque chose pour ne pas rester sous le joug du mal qui habitait en moi et qui, par conséquent, me privait de ma tranquillité, mon bonheur et ma paix intérieure. Quand j'étais déjà au courant de certains de mes déterminants historico-sociaux comme ennemi de ma liberté, j'ai commencé à penser à la voix de sortie. Dieu est guérisseur de corps et de cœur. Il peut nous donner un cœur nouveau, ôter de notre corps un cœur de pierre, endurci par nos souffrances, et mettre en nous un cœur de chair comme celui d'un enfant qui vient de naître. Dieu est toujours prêt à nous faire des miracles pourvu que notre volonté soit forte. Je n'oublierai jamais cette prière que j'ai faite quand je voyais que l'univers entier semblait se tourner contre moi: « Seigneur, c'est toi qui nous exhorte à nous décharger de nos fardeaux sur toi, prends le mien s'il Te plaît et je témoignerai. Arrache de mon corps le cœur de pierre et mets-y celui de chair pour que je puisse accomplir ta volonté, Amen. » Ma prière fut exaucée dans moins d'une semaine, je n'ai plus combattu par ma propre force contre l'alcool, j'ai démarré une vie normale pleine d'espoir. En effet, imaginez ce qui arriverait à une voiture si le mécanicien ne faisait pas la vidange. Elle tomberait automatiquement en panne puisqu'elle serait encombrée. C'était le phénomène qui m'arrivait. Je prétendais avancer mais c'était impossible. Au lieu de vivre le présent et d'espérer en un avenir radieux, je redoutais le passé comme s'il pouvait revenir. Que Dieu soit loué pour m'avoir libéré de mon joug. En plus, j'ai compris que fuir le passé dans l'alcoolisme n'est pas du tout une bonne stratégie parce que celui-ci est très rapide qu'il nous rejoint dans une courte durée. Je revivais le passé de la manière la plus aiguë aussi longtemps que j'essayais de me plonger dans l'alcoolisme pour oublier. La meilleure stratégie a été de mieux examiner ce qui me déstabilisait et de regarder mon passé en face afin que celui-ci prenne le large.

Je pense qu'il est noble de regarder le passé non avec des regrets continuels, des lamentations mais avec du courage et des actions de grâce. C'est mieux de regarder le passé comme une simple expérience de la vie en essayant de tirer des leçons pour soi et pour les autres, et en essayant de regarder l'avenir avec espoir. Je pouvais faire un choix horrible de me suicider par l'alcool. Heureusement, j'ai pris le choix de me relever pour avertir les autres qui auront la malchance de souffrir de l'alcoolisme.

Jésus connait bien les tribulations du monde qu'Il ne pouvait pas rester indifférent aux blessures que j'avais subies, à mes problèmes sociaux, etc. Je n'avais donc aucune raison d'être dicté par mon passé ou par les événements que je traversais dans mes actes ou paroles si je voulais être libre, heureux et avoir la paix intérieure.

Nous pouvons commettre deux fautes graves qui peuvent miner le parcours de notre vie si nous avons un passé qui nous a affectés négativement. La première concerne les incrédules et la seconde concerne ceux qui ont cru en Jésus mais qui ne sont pas encore parvenu à surmonter leur passé pour être libres. La première est de recourir à la consommation des drogues et de l'alcool comme moyen de refouler le passé. Cette stratégie est une voix destructrice car l'alcool ou la drogue ne peut procurer à notre corps qu'une certaine euphorie passagère suivie du regret. Les plaisirs n'ont aucun impact positif sur notre âme. Le vide que nous cherchons à combler soit par l'alcool soit par la drogue ou d'autres plaisirs sensuels n'est jamais comblé que lorsque nous faisons recours à Dieu. La meilleure défense serait de se décharger sur Jésus Christ comme Il nous invite à le faire. Le siège de la paix d'un homme est son esprit, et la satisfaction des désirs charnels le conduit à l'échec, au regret, et partant au manque de paix intérieure. Les désirs de la chair rivalisent avec les désirs de l'esprit. La volonté est souvent tiraillée entre les deux catégories de désirs. La chair peut réclamer que tu ailles bavarder alors que l'esprit te demande de rester seul et silencieux. Les désirs de l'esprit sont sains. Celui qui a une forte volonté écoute les désirs de l'esprit aux dépens des désirs de la chair.

L'autre faute qui me concernait en tant que croyant était celle de recourir à des prières inappropriées, non pertinentes. On ne peut pas prier pour avoir les souliers alors qu'on n'a pas de pieds pour les porter. Au moins prierait-on d'abord pour les prothèses avant de prier pour avoir les souliers. Quand j'ai réalisé que j'avais un cœur brisé, rongé par mon passé, j'ai laissé de penser à presque toutes les autres entreprises surtout sociales. Je me souviens avoir prié pour avoir mon conjoint et je loue mon Dieu pour n'avoir pas permis de me marier pour divorcer. Je crois que j'aurais fait le pire foyer si je m'étais marié avant ma guérison miraculeuse. Les personnes blessées cherchent à blesser à leur tour. J'avais tendance à chercher de faire le pire à mes relations amoureuses pour un moindre malentendu. Il a été important pour moi que je prie d'abord pour que Dieu panse mes blessures d'abord afin que je sois équilibré, libre et en harmonie avec moi-même, et prier pour d'autres besoins sociaux après.

« Si vous vivez selon la chair, vous mourez; mais si par l'Esprit vous faites mourir les actions du corps, vous vivrez. »

Romains 8:13

Une autre chose qui me poussait vers la destruction était ma nature. Je suis au courant que mon ennemi dangereux n'est autre que moi, ma nature. C'est elle qui est souvent à l'origine de notre malheur, notre chute, nos péchés, nos échecs dans la vie. Elle a fait tomber les hommes forts et détruit leur destinée. Satan et le monde extérieur auraient très peu d'influence sur nous si nous pouvions maîtriser notre nature. C'est notre nature qui sert de tremplin pour Satan afin qu'il nous mette à terre. Aux colériques, Satan sait comment introduire les situations de colère, aux anxieux Satan sait comment les exposer à des situations de façon qu'il les fasse tomber, etc. Notre nature détermine la manière dont nous agissons différente de la manière dont nous aurions pu agir étant libres. Nous ne pouvons pas faire le bien que nous voulons, exercer notre propre volonté si nous ne sommes pas encore à mesure d'être à la hauteur de notre nature.

En effet, Paul souligne que, étant naturels, nous ne pouvons pas faire ce que nous voulons; mais nous faisons ce que nous haïssons. Il y a des choses que je ne pouvais pas faire étant naturel. C'est comme si on demandait à un enfant d'arrêter de faire certaines bêtises. Alors, si dans cette condition, je ne pouvais pas faire le bien que je voulais, j'avais besoin de grandir pour sortir de la captivité charnelle, pour devenir spirituel et donc libre. « Chassez le naturel, il revient au galop », disait un certain Néricault. Il n'est pas facile de changer notre nature. Mais c'est ce que la parole de Dieu nous recommande et Dieu ne nous demande jamais l'impossible. C'est Lui qui est l'auteur du changement. J'ai souvent pris des décisions vaines sur base de mes regrets mais je ne savais pas qu'il me fallait une transformation spirituelle progressive et profonde par la grâce divine. « Seuls les imbéciles ne changent pas », dit-on. Je ne pouvais que répondre au rendez-vous et manifester une volonté ferme de changer, de faire mourir ma nature pour avoir une nature divine qui abhorre le mal. Dieu nous donne son Esprit d'adoption qui nous aide dans notre faiblesse et nous fait marcher dans la droiture, loin de nos désirs charnels en intercédant pour nous par des soupirs inexprimables. Si j'essaie de me rappeler combien de fois j'ai essayé de combattre mon alcoolisme en ne comptant que sur mes forces ainsi que mes rechutes qui ont suivi, je suis sûr que la force de me sevrer de l'alcool n'a pas ses origines dans mes forces mais dans ma volonté et les forces divines que contient la grâce.

En effet, il était pour moi impossible de chasser les désirs charnels que j'avais innocemment aiguisés. Par curiosité, par envie de me découvrir, je suis arrivé à un point où ma chair était devenue mon tyran que ma plus chère faculté qui est la volonté était devenue muette et inopérante. Je voyais bien que je m'étais trompé de route mais les désirs de la chair qui me courtisaient avant m'imposaient cette fois-ci avec autorité de faire ce que je ne voulais plus. Mais gloire à Dieu qui relève ceux qui se trouvent sur le tapis. Je Lui ai parlé avec un cœur contrit. J'ai fait un seul pas chancelant par ma propre volonté vers mon Dieu et celui-ci en a fait beaucoup par sa grâce pour venir à mon secours.

Toutes mes initiatives de chasser naturellement ma nature m'ont fait perdre du temps pour rien. Je ne pouvais pas triompher par ma propre force. Mes engagements personnels et ma propre force morale ne pouvaient pas m'aider à chasser ma nature. Indubitablement, mes prières, mes supplications, l'Esprit Saint ainsi que la parole de Dieu ont été les outils indispensables qui m'ont aidé à faire taire ma nature et ainsi que mes mauvais penchants. La parole de Dieu ne peut pas être sans effet. Les bonnes paroles des hommes ordinaires me changent souvent. Elles exercent une certaine force sur moi; celles de Dieu me changeront et me rendront libre davantage. J'ai appris une chose. N'importe qui peut réussir par son libre arbitre et la grâce de Dieu à abandonner ses vieux penchants naturels - son « moi » ancien - s'il reste disponible à cent pour cent chez l'auteur du changement: Dieu. Le vouloir vient de nous; le pouvoir vient de la grâce divine. Si toutes ces deux cures sont associées, soyez certains que vous allez guérir. Nous sommes plus que vainqueurs pourvu que nous prenions au sérieux l'œuvre de la croix et que nous soyons en Jésus Christ notre Sauveur.

Je me demandais souvent si Dieu se serait trompé étant l'auteur de ma nature apparemment prédisposée au mal. La réponse est absolument « non ». Dieu m'a créé avec des dons et des facultés qui feraient mon bonheur si je ne les mésusais pas. Dieu ne se repent jamais de ses dons et de son appel (Romains 11:29). Si je Lui désobéit en pervertissant ses dons, c'est moi-même qui serai jugé. Je ne fais qu'exercer mon pouvoir arbitral de vivre comme une bête ou de vivre comme un humain divin. L'exemple frappant est celui de la sexualité où il y a des écarts entre le plan de Dieu et les déviations de l'homme. Nous mésusons le don de la sexualité de plusieurs manières: la fornication, l'adultère, l'homosexualité et d'autres encore. Tout cela nous rend malheureux tant physiquement que spirituellement car nous pouvons subir la mort physique, être atteint d'innombrables maladies, et pire encore subir la mort spirituelle, ce qui est totalement différent du plan de Dieu.

Un autre exemple est celui du langage. Le langage est originellement une faculté qui me permet d'exprimer mes pensées et mes sentiments. Avec le langage, je suis capable d'interagir facilement. Mais, privé du langage comme les muets, il serait très difficile de me sentir heureux. A côté de ce plan merveilleux que Dieu a fait pour moi, ma nature dépravée fait que je mésuse le langage pour calomnier, mentir, maudire, insulter, etc.

Toutefois, loin d'être fataliste, je sais que je peux tuer les actions de mon corps si je persévère en Christ. En Lui, je suis une nouvelle créature. Les choses anciennes passent. Jésus a vaincu le péché dans la chair pour que je sois aussi vainqueur en Lui par les armes qu'Il a utilisées (la prière, la parole et le jeûne). Même si je ne suis pas parfait, je suis perfectible. La perfectibilité est une propriété spirituelle qui me rend différent des bêtes.

« Vous connaîtrez la vérité, et la vérité vous affranchira. »

Jean 8:32

L'autre grand ennemi de ma liberté a été l'ignorance. Pour être honnête, elle le reste pour moi parce que je ne suis pas libre à cent pour cent. Je reste toujours ignorant mais je suis ouvert à la connaissance de la volonté divine pour être libre davantage. C'est par l'ignorance d'ailleurs que le peuple de Dieu périt, la Bible dit. En effet, quand on manque de connaissance, on ignore ce qui est vrai ou bon. On est alors dépourvu de la capacité de choisir judicieusement. Nous n'avons pas droit à l'ignorance si nous voulons demeurer libres et heureux. Seuls les imbéciles, les idiots et les fous sont excusables. L'ignorance nous coûte cher même plus que l'argent et l'or puisqu'elle peut nous coûter même la vie. Mais la capacité de choisir selon la volonté divine est gratuite.

Par exemple, deux personnes font le test du VIH. Le test prouve que le test est positif pour tous les deux. Face à ce test, les deux personnes adoptent des attitudes différentes compte tenu des connaissances intégrées en rapport avec cette maladie. L'une décide de se suicider. Elle est démoralisée et convaincue qu'elle n'a plus de chance de vivre selon sa propre conviction. L'autre, bien qu'elle ne soit pas indifférente à la nouvelle, elle pense à ce que la parole de Dieu dit à propos de toutes les maladies: C'est par ses meurtrissures que nous sommes guéris.

Pour ce qui est de mon cas en tant qu'alcoolique SDF, il est normal que je pensais à me suicider par ignorance. Celui qui n'a pas été dans la même situation ne peut pas savoir combien c'est dur de passer une journée entrain de réfléchir sur l'endroit où on va passer la nuit ou, pour un besoin naturel de chaque homme de préserver son amour propre, comment on va s'expliquer devant une connaissance afin qu'il vous loge au moins une nuit. Je dis une connaissance parce que, à ce stade là, on ne peut pas rêver d'avoir un ami. Tout le monde te culpabilise alors qu'un ami te comprend dans les conditions normales. Entre la mort et la vie, j'ai choisi la vie et j'ai remis mon sort à l'Éternel, Il me soutiendra, Il ne me laissera jamais chanceler. Ceci est ma foi, c'est gravé dans mon cœur. La main bienfaisante de mon Dieu m'a protégé dans les moments difficiles de détresse. Si j'ai échappé à une mort précoce, c'est parce que, à un certain moment, j'ai laissé de me focaliser sur ce que les gens disaient de moi étant donné qu'ils s'ignoraient eux aussi. Combien de gens ratent leur destinée à cause de ce que X ou Y a dit? Heureux sont ceux qui mettent confiance en ce que l'Éternel a dit sur eux. Oui, par ignorance j'allais vivre et finir malheureusement, Surtout précocement.

Il y a une autre chose que j'ai faite par ignorance et qui me ravissait ma liberté: c'est le gaspillage. Il me manquait la sagesse spirituelle qui vient d'en haut pour pouvoir gérer ce que j'étais béni avec. Maintes fois je me suis assis entrain de consommer l'argent que je gagnais très difficilement, en me plaignant en plus. La plainte m'a tenu loin de la bienfaisance divine. Je ne savais pas que l'argent appelle l'argent. L'argent que je consommais dans la bière aurait pu générer d'autres revenus si je l'avais géré avec sagesse. Dès que la sagesse d'en haut m'a été donnée, je ne me plains plus mais je loue l'Éternel pour toute faveur qu'Il me donne pour ma propre édification et l'édification de son royaume là où je suis.

Retournons au cas de nos deux candidats, l'un à la mort et l'autre à la vie face à une même situation de séropositivité. Le premier pose un acte qui n'est pas libre à cause de l'ignorance. Premièrement, une personne qui a le VIH n'est pas nécessairement candidat à la mort. Deuxièmement, il se donne la mort deux fois: le fait de se fâcher le conduit à la mort physique ainsi qu'à la mort de l'âme qui finit dans l'étang de feu à cause de son péché probablement non repenti. Elle périt par manque de connaissance. L'ignorance devient pour lui un agent destructeur de sa destinée. La deuxième personne pose un acte libre; c'est à dire qu'elle choisit une décision bonne et vraie parce qu'elle était au courant de la parole. La connaissance de ce que dit la parole de Dieu nous reconnecte à notre destinée qui est en danger si nous faisons un compromis avec elle. C'est pourquoi il est bon que nous soyons connectés aux personnes qui ont la parole de Dieu en eux et surtout qui ont la foi en cette parole.

Je suis resté pour longtemps ignorant en ce qui est de mon potentiel quant à la divinité à la quelle Dieu m'a fait participer. Quand j'ai perdu mes deux emplois successifs suite à ma situation d'ivrognerie notoire et d'alcoolique invétéré, je suis devenu tellement pessimiste que, des fois, je décidais de m'enfoncer délibérément jusqu'au fond du précipice. Jusque là je ne voyais que les forces négatives qui s'opposaient à moi. Je me considérais comme le damné de ce monde. Après avoir intériorisé certains versets bibliques et surtout avoir eu la foi en la parole, j'ai commencé à avoir une capacité d'abstraction un peu curieuse, à voir que malgré les forces qui s'opposaient à moi, il y avait un Dieu plus puissant qui m'aime fort plus que mes regrettés parents et sur qui je pouvais tout compter. Mon attitude pessimiste a disparu et je n'ai plus dit aux gens que j'étais chômeur. J'ai vite crée une profession qui répondait à mes compétences. Je disais aux personnes que je rencontrais: « Je suis traducteur-interprète indépendant. » C'est comme ça que j'ai créé ma profession qui m'a ensuite permis de vivre convenablement. J'ai commencé à avoir des boulots comme ça étant donné que j'ai commencé à être crédible. C'était la levée du soleil.

Les choses inutiles attirent notre attention et nous gardent dans l'ignorance de nous-mêmes. C'est dangereux quand nous écoutons seulement les gens dont les opinions nous jettent dans le désarroi moral. Quand j'ai laissé l'alcool, j'ai aussi changé les interlocuteurs. Avant, j'avais l'habitude de m'approcher des gens qui étaient presque perdus comme moi. Après, même quand je n'ai pas quelqu'un à côté qui est un bon penseur, je préfère m'écouter moi-même. Je ne veux pas risquer la contamination des gens qui pensent négativement. Il est super intéressant d'écouter la voix qui nous parle à l'intérieur de nous-même. Je peux ne pas voir le chemin ni à côté de moi, ni devant moi. Alors, j'ai une autre option non destructrice: chercher la solution à l'intérieur de moi-même. Nous sommes des êtres doués d'un potentiel énorme si nous en étions au courant et si nous nous écoutions souvent. Même Dieu peut nous parler par nous-mêmes et à travers nous-mêmes. Je n'aurais pas pu écrire ce petit bouquin par exemple si je ne m'étais pas écouté suffisamment.

Il est aussi important de souligner que la parole de Dieu nous est importante pour nous délivrer de notre ignorance. Celle-ci m'a fait connaître des choses nouvelles, inconnues de moi, et surtout des choses libératrices. La parole est une arme qui nous aide à éteindre les projectiles du malin, à prendre une décision raisonnable et libre malgré les épreuves de la vie. Les épreuves de la vie ne peuvent pas nous enlever notre liberté si nous tenons courageusement et avec foi dans la parole de Dieu. Mais l'ignorance peut faire que nous fassions à tort ce que nous n'aurions pas dû faire et être ce que nous n'aurions pas dû être si nous avions la connaissance de la parole en nous. Un homme ignorant fait un compromis avec Satan dans ses décisions. Sa liberté est mise en cause parce qu'il se met innocemment sous la servitude de Satan. Mais celui qui fait un compromis avec Dieu par sa parole demeure libre et dans la paix.

C'est par l'ignorance que certaines circonstances conduisent les gens à se donner la mort parce qu'ils sont conduits par ce qu'ils voient et non par la foi ignorant que Dieu est maître des circonstances. J'ai souvent pensé à la mort comme seul moyen échappatoire parce que je voyais que boire excessivement ne m'évitait pas de revenir à mes soucis, mes pensées pessimistes. Ce qui m'a étonné dans le livre Saint que je lis souvent, la Bible, est que, à chaque circonstance de notre vie, correspond une parole de Dieu qui nous indique comment nous comporter. Ces circonstances peuvent être le deuil, la famine, la maladie, le mépris, etc. Toute personne passe dans une circonstance propre à lui et c'est bon qu'il sache ce que Dieu en dit. La connaissance de ce que Dieu dit à propos d'une circonstance quelconque nous permet de contrôler la circonstance au lieu d'être contrôlé par elle. Il y a sans doute des choses qui m'ont terrifiées parce que j'étais un enfant dans la foi. Je sais que je ne suis pas accompli mais j'évolue vers la liberté, je suis édifié jour après jour alors que je me détruisais jour après jour quand j'étais encore aveugle spirituellement.

La parole de Dieu nous rend sages et libres. Elle est une lumière sur notre sentier dans notre vie individuelle et collective. Cependant, il ne suffit pas d'avoir la parole de Dieu dans la tête sans avoir le Saint Esprit qui nous dote de la sagesse, de l'entendement et du discernement. Ceux qui ont en eux l'Esprit de Dieu connaissent ses plans, son but, pour eux et choisissent judicieusement. Si nous n'avons pas la lumière du Saint Esprit, nous pouvons tomber dans les pièges par la même parole de Dieu. Sans l'Esprit Saint, beaucoup croient qu'ils écoutent Dieu alors qu'ils écoutent Satan. Le tentateur connaît la parole et la manipule pour nous piéger et nous prendre en captivité. C'est le Saint Esprit qui nous donne la lumière sur toute parole qui sort de la bouche de Dieu afin que nous demeurions toujours dans la liberté et que nous soyons toujours dotés de la capacité de juger une chose bonne, juste et vrai. Ceci nous garde de faire des choses que nous haïssons parce que nous serions privés de joie, de paix et de bonheur.

L'homme le plus heureux est celui qui est le mieux rempli de la connaissance de la volonté divine. Nous ne pouvons pas faire un choix judicieux si nous ne sommes pas remplis de la connaissance de la volonté de Dieu. Sa volonté est connue de tous ceux qui en ont soifs.

Les deux voleurs qui étaient crucifiés avec Jésus avaient commis le même crime: le vol. Mais un des deux avait sans doute des notions sur la mort du Sauveur. Il aurait peut-être lu ce que Moïse et les prophètes avaient dit sur le Christ. Ceci l'a conduit à faire des déclarations saines. Comme conséquence, son âme a été sauvée pour se reposer au paradis. Les paroles vraies nous défendent et nous libèrent.

L'esprit de discernement nous est tous cher. Sans lui, nous pouvons faire des choix médiocres sans même commettre de péché. Chaque fois que nous choisissons sans révélation, la grâce de Dieu peut nous échapper. Quand la grâce de Dieu nous échappe, nous menons une vie instable. On a besoin du boulot par exemple. Deux boulots sont promis, l'un avec un salaire élevé et l'autre un salaire un peu inférieur au premier. L'homme qui n'a pas l'habitude de chercher la volonté de Dieu choisira le premier. Mais il y a un autre variable qu'on ignore encore: la longévité du boulot. Si le premier ne va durer que trois mois et le second neuf ans, comment le saura t-on sans révélation? Celle-ci nous manque beaucoup, hommes du siècle présent, à cause de la distraction. Parmi les choses qui distraient notre esprit se trouvent l'alcool. Même en prenant juste un peu, ça favorise une certaine paresse spirituelle en nous. Je n'ai pas intérêt à faire la contre publicité; que ceux qui en produisent ne me jugent pas. Mais je ne fais que reproduire mon expérience. J'ai fait des tractations au cabaret pour avoir mon premier boulot. C'était ma propre volonté. Je ne l'ai pas eu de la volonté du Père parce que je n'avais pas encore cette habitude de chercher la volonté de Dieu. J'ai vite arrangé le dossier pour commencer mon premier boulot tant désiré. Celui-ci m'a coûté cher. Il m'a causé beaucoup de souffrances que je n'ai pas eues étant chômeur.

La volonté de Dieu n'est pas une chose trop cachée. Il suffit d'en avoir soif et la chercher dans la prière en se sanctifiant. Dieu nous parle d'une manière ou d'une autre quand nous avons un esprit posé. Il s'adresse à nous par des songes, par des visions nocturnes, étant livrés à un profond sommeil, endormis sur notre couche.

Dieu a des stratégies multiples de nous parler. Il nous parle aussi par le truchement des prophètes. Il y a des prophéties que nous négligeons. Le caractère prophétique du message comporte un certain avertissement menaçant. Nous faisons à tort confiance à ceux qui nous disent ce que nous voulons entendre. Nous avons tendance à rejeter ceux qui nous disent ce que nous avons besoin d'entendre. C'est la raison pour la quelle les vrais prophètes des temps anciens étaient haïs ou mis à mort. Je remercie de tout mon cœur ceux qui m'ont toujours dit ce que j'avais besoin d'entendre. Attention aux gens qui nous disent des choses pour nous plaire. Ceux-ci veulent nous tromper et nous piller avec leur ruse. Dans un message qui a un caractère prophétique, il y a là la volonté de Dieu. Il nous fait un clin d'œil indirectement. Les messages type peuvent nous édifier en nous décourageant dans la voie du mal.

Nous ne pouvons pas être libres si nous ne sommes pas sages car seul celui qui est sage est capable de choisir, de décider et d'agir avec discernement. Nous avons besoin de monter sur la montagne pour nous approcher de Dieu, la Sagesse elle-même, qui nous révèle sa volonté à propos de notre choix. La raison pour laquelle nous sommes souvent déçus par le résultat de notre choix est que, faisant partie d'une génération distraite, nous ne réservons pas du temps pour nous retirer dans un lieu propice à la rencontre de Dieu afin qu'Il nous révèle sa volonté sur notre choix et nos décisions. Dieu a besoin du moment d'intimité, une occasion de connexion avec Lui seul pour nous orienter parce qu'Il conduit les humbles dans la justice et Il enseigne aux humbles sa voie. Il peut nous révéler ce qui est profond et caché, Lui qui connaît ce qui est dans les ténèbres.

S'approcher de Dieu dans la prière pour savoir sa volonté, Lui qui est le mystère dans lequel sont cachés tous les trésors de la sagesse et de l'intelligence, chercher à savoir sa parole par la lumière du Saint Esprit m'ont permis d'acquérir de nouvelles pensées qui produisent en moi une bonne attitude face aux défis de l'existence. Nous acquérons miraculeusement par la parole et l'Esprit Saint une forte capacité de choisir et d'agir judicieusement. Ainsi demeurons-nous libres et heureux dans toutes les circonstances si nous faisons du bien qui est dans notre volonté. Le mal ne se trouve pas dans la volonté de l'homme, il se trouve dans ses passions. Des fois la providence nous prend par force de nos passions pour nous remettre dans son plan.

« Lorsque doutes, épreuves, souffrances physiques ou morales nous assaillent … s'accrocher au Christ le seul point d'attache qui ne cède jamais. »

Jean Salem

La providence peut se définir comme l'action de Dieu sur le monde pour le conduire avec son amour et sa sagesse vers une fin heureuse. Je ne sais jamais si j'ai vécu follement parce que Dieu le voulait ou non. Mais une chose est certaine: c'est que Dieu nous laisse libre. Certaines choses mauvaises en apparence sont causées par Dieu, c'est vrai, mais jamais je n'attribuerai mes tribulations passées à Dieu. Certaines peut-être. Si nous ne sommes pas mûrs pour vivre ces situations dans la tranquillité, elles deviennent pour nous une occasion de chute. Nous pouvons agir, parler et penser d'une manière indigne. Les lâches n'ont pas leur part à la liberté. C'est bien d'apprendre de rester calme quand Dieu veut nous discipliner par le mauvais temps.

D'après le philosophe Épictète, il nous est indispensable de jouer chaque rôle qui nous est attribué avec talent. Je suis entrain de jouer le mien et je suis convaincu que je vais bien le jouer par la sainte énergie du Saint Esprit. Certaines personnes se trompent qu'ils pouvaient bien jouer le rôle des autres s'il leur était attribué. Il n'y a pas de pire ni de meilleur rôle que l'autre, tout dépend de celui qui le joue: son attitude face à son rôle ainsi que sa disposition intérieure. Tel s'est bien comporté dans son rôle de valet et a survécu; tel autre a mésusé son rôle de pourvoir aux besoins des autres parce qu'il en eu les moyens pour bien jouer le rôle mais il a succombé à cause du manque de maîtrise de soi et il a détourné les moyens dans ses plaisirs sensuels.

Le manque d'obéissance à la providence est une autre forteresse contre la liberté. Le mal n'existe qu'en apparence. Nous devons nous soumettre à la volonté divine et rester serein sur le chemin, si étroit soit-il, par lequel il nous mène vers une fin heureuse. Dieu a permis que je sois alcoolique SDF, instable pour enfin me faire goûter une stabilité du cœur et la joie de son salut. J'avais l'habitude de me lamenter quand je venais de tout gaspiller sur la boisson. Je me demandais souvent pourquoi Dieu ne m'avait pas permis d'avoir un boulot financièrement intéressant. Mais la providence a fait que je perde même les boulots qui n'étaient pas financièrement intéressants comme peine éducative. Dieu m'éduquait dans le désert. Certaines souffrances sont là pour nous fortifier. Elles nous éduquent. Quand vous êtes employés quelque part, vous croyez que la vie va s'éteindre si vous êtes congédiés. Mais si Dieu permet cela, soyez sûrs d'une chose. Il va agir comme un aigle qui éveille sa couvée, voltige sur ses petits, déploie ses ailes, les prend, les porte sur ses plumes. Il fait tout cela pour te détromper sur la façon dont tu vois les choses. Accroche-toi donc à Jésus, le seul point d'attache, quand tout est boite: relations, emploi, etc.
Le seul antagoniste auquel il faut faire face dans les épreuves est la lâcheté. Celle-ci nous fait dévier du bon plan de Dieu. Imaginez un parent qui veut discipliner son enfant qu'il aime tant. Il peut le priver de quelque chose ou procéder à une autre peine éducative. Deux choses peuvent arriver à cet enfant. Soit il choisira d'être discipliné ou alors il sera lâche et s'enfoncera davantage. Les lâches se contentent des intérêts à court terme, les intérêts de la chair. Ils n'ont pas la force de persévérer.

Certaines épreuves tombaient sur moi comme de la neige sans que je sois responsable. Des fois j'étais découragé et démoralisé. Je voyais que je faisais une chute libre et que j'allais m'écraser. Heureusement, Dieu m'a récupéré sur ses plumes. Je regrette de n'avoir pas été serein au milieu des épreuves parce que ce ne sont pas elles qui m'ont fatigué. La manière dont je me suis comporté dans certaines épreuves m'a fatigué. J'ai surestimé les différentes circonstances de ma vie que j'ai dû en souffrir terriblement. Parmi mes épreuves que je n'ai pas endurées courageusement figurent la perte de mes boulots. Je croyais que tout était fini et je ne me souciais plus de ma vie. Mon pessimisme a dû atteindre son paroxysme à cause de mes licenciements. Tout était obscur. Seul l'alcool était devenu mon « consolateur hypocrite ». Joseph avait été enlevé du pays des Hébreux, et là même il n'avait rien fait pour être mis en prison. Son sort fut heureux parce qu'il devint premier ministre en Égypte. Mais moi, pauvre pécheur, soûlard, lâche, je pense que mes épreuves pouvaient ne pas être providentielles mais choisies. Si jamais elles étaient providentielles, je devais rester libre, combattre le bon combat de la foi. Une fois choisies, je devais me repentir.

Plus tard, je me suis bien adapté à ma situation. J'ai cherché avec passion toute la lumière sur ce que je devais faire: rien que la foi en mon Dieu qui attendait mon calme pour me secourir. J'ai appris que rester du côté de Dieu au milieu des troubles nous sert d'une grande importance car les malheurs en apparence aboutissent au bien. Au contraire, au fur et à mesure que je me révoltais contre ces événements, je lâchais premièrement la paix intérieure et puis je ne pouvais pas attendre une fin heureuse. Dieu fait les choses selon son entendement et non selon le nôtre parce qu'Il est, Lui seul, infaillible. Il sait comment nous conduire au bonheur soit par le feu soit par l'eau et toutes les choses concourent au bien si nous restons sur son chemin.

Avant, j'avais l'habitude de recourir à l'alcool comme moyen de m'évader. Il y avait une voix démoniaque en moi « bois pour oublier. » En réalité, Au milieu de la nuit, quand je me réveillais, je souffrais plus qu'avant. Il y avait le problème qui subsistait, le gaspillage d'argent ainsi que les sentiments d'autoaccusation face au miroir de ma propre conscience.

Les solutions faciles ne règlent rien. Après ma délivrance, j'ai constaté un phénomène tout neuf. Je me souviens avoir eu un sérieux problème de finances. Les sources de revenus avaient tari. J'ai pu me rationner une fois par jour avec le peu d'argent que j'avais, sans peur du lendemain. Curieusement, je n'ai rien perdu comme masse. Je suis resté aussi vigoureux qu'avant. C'était sans doute une certaine croissance spirituelle qui se réalisait en moi. Ce ne sont pas les problèmes qui nous ruinent mais c'est souvent un état d'esprit malsain qui nous emporte. C'est la lâcheté qui nous fait trébucher du plan de Dieu. Il y aura toujours des problèmes sans que nous en soyons responsables. Malheur à celui qui veut emprunter la voie la plus facile. La voie la plus facile est souvent la plus dangereuse, pleine de pièges. Comptons plutôt sur Dieu qui n'est jamais dépassé. Je n'encourage pas l'inaction, je décourage tout acte destructif.

Au milieu des épreuves, un seul combat m'est utile: un combat de foi, un combat spirituel, la prière pour demander de la foi afin de ne pas faire le mal que je haïs. Une foi ferme me maintient dans un état de liberté dans les épreuves. Il n'y a pas d'éducation ni physique ni morale qui puisse me maintenir libre dans la souffrance. Si Dieu cause les épreuves et permet les tentations pour me faire grandir, Il cause aussi une force surnaturelle qui me maintient heureux et libre si je reste près de Lui dans les épreuves. Personne ne peut affirmer que, naturellement, nous sommes capables de prier et de chanter les louanges de Dieu dans la souffrance à moins que nous ayons une force surnaturelle que Dieu cause en nous.

A partir des épreuves, Dieu m'a fait parvenir au salut et le salut est le plus grand bien que je puisse avoir dans tout ce qui fut et ce qui est. Je serais fou si je refusais que je sois éprouvé car les épreuves fortifient mon esprit, pourvu qu'elles soient causées par Dieu et non par ma propre folie. Il y a des personnes qui croient après de longues maladies, qui croient après avoir perdu les leurs et sont sauvés. Tout est bien qui finit bien. J'aurais bien vécu si ma fin s'annonce bien comme celle de Job. Mais si je vis dans l'abondance et la gloire de Salomon, je n'aurais aucun profit si ma fin est malheureuse.

Sans épreuves, ma vie aurait été stérile. A l'été de ma vie, je croyais que tout devrait être automatique, je réussissais sans difficultés à l'école et j'ai continué à croire que tout doit être automatique. Quand la vie a prouvé le contraire, j'ai été déçu mais Dieu me disciplinait sans que je le sache. Il me disciplinait par l'épreuve de ma foi afin que la patience se forme en moi. Dieu m'a coupé toutes les priorités pour que je pense d'abord au trésor inaltérable qui est le salut. Je regrette des fois d'avoir perdu les pédales pour rien. Si j'avais été mûr, ce qui ne veut pas dire rester indifférent face aux épreuves, j'aurais gardé ma liberté dans les épreuves; car le mouvement de la vie ici-bas n'est pas rectiligne. Je m'attends toujours à des épreuves, des tentations et des oppositions de toutes sortes pour ne pas être surpris et perdre ma liberté.
En effet, Dieu, par son pouvoir surnaturel, nous dote d'un certain pouvoir de faire de nos tentations et épreuves notre marchepied afin que nous ne succombions à la perdition. Comme Dieu nous dote naturellement des hormones qui augmentent en nous la tolérance à la douleur physique, il le fait également quand nous traversons les épreuves qu'il permet afin que nous gardions notre liberté en tout. Si j'essaie de tourner le regard vers le passé, je ne vois rien qui était insurmontable au point de recourir à l'alcoolisme comme fuite de mes soucis. Aucune circonstance ne justifie nos actes injustes. C'est peut être l'immaturité qui fait que nous agissions mal. Par exemple, le fait d'avoir faim ne

rend pas juste l'acte de voler, car tous ceux qui ont faim ne doivent pas nécessairement voler. Le fait d'avoir traversé des moments douloureux ne justifiait pas mon refuge dans l'alcoolisme. Il y en a beaucoup qui ont gardé du calme alors qu'ils avaient plus de difficultés que moi. Je veux atteindre un niveau satisfaisant de liberté afin que je sois capable de me réjouir en l'Éternel même quand les moments sont durs. Aucune raison donc de recourir au vice (la prostitution, l'ivrognerie, le banditisme, le suicide, etc.) comme moyen d'échapper à l'épreuve. Seule une âme vertueuse est comblée de la liberté et de la paix intérieure.

Dieu veille à l'effet d'une circonstance qui est sa volonté secrète pour nous. Il ne veille pas à la circonstance elle-même. Son plan est saint, juste et bon pour toute l'humanité. Son intention est celui de nous sauver et non pas ce lui de nous perdre. Celui qui veut être libre, heureux et garder sa paix intérieure résiste aux tentations et aux épreuves en priant pour avoir une foi ferme.

La liberté n'est pas un menu qui se sert sur le plateau d'or. En tant que croyant, nous devons fournir des efforts sincères pour que les forteresses qui nous privent de la liberté soient démantelées. Dans le cas du contraire, nous sommes absolument privés du bonheur et de la paix intérieure. Les outils sont disponibles à chacun et à tout moment pourvu qu'il ait le zèle et qu'il soit conscient de sa captivité. La prière, la parole, la foi nous conduisent vers une liberté sans faille et les choses anciennes s'en vont quand nous demeurons en Jésus. La liberté nous permet d'opérer un choix judicieux, de prendre de bonnes décisions, d'être capable de faire le bien au lieu de faire le mal que nous haïssons nous-mêmes.

Le monde nous secoue; mais avec la foi, quand nous nous appuyons sur le Seigneur, nous sommes comme le mont Sion qui ne s'ébranle pas et qui demeure à jamais. Si nous parvenons à démanteler les quatre forteresses qui s'érigent contre notre liberté, ni Satan, ni les démons, ni la mort ne peuvent réussir à nous prendre notre liberté. Nous sommes finalement victorieux sur tout ce qui nous empêche d'entrer par la porte étroite.

Si tu as trop souffert et que tes souffrances se répercutent sur ta vie personnelle et sociale, le psychologue clinicien peut essayer de t'écouter, de te conseiller d'un point de vue pratique sur une ligne de conduite que tu dois adopter pour que tu puisses surmonter les obstacles. C'est bien et c'est une mission très noble que Dieu leur a confiée. Mais il est sage de reconnaître qu'il est limité quant à la noble tâche de te libérer complètement. Aussi faudra t-il noter que son temps, son talent et ses conseils ne sont pas gratuits. Seul Jésus peut faire plus qu'eux jusqu'à porter ton fardeau, te donner une autre nature, une autre personnalité, un autre cœur de chair, et Il a Lui-même payé toutes les factures y relatives pour que tu mènes une vie remplie de liberté.

Si en outre tu souffres parce que Dieu lui-même t'as mis dans la fournaise de l'adversité, reste libre et tranquille sur le chemin de Dieu. Il connaît certainement tes voies et tu sortiras pur comme l'or. Mais si tu cherches des voies raccourcies, des solutions faciles pour résoudre toi-même le problème, tu y périras. Sache que c'est dans les voies raccourcies que les hommes sans foi périssent. Les voies raccourcies comprennent l'alcoolisme dont j'étais prisonnier, la prostitution, le banditisme, etc.

Libère-toi de tout ce qui t'encombre sur le chemin que tu parcoures. Libère-toi de la haine et tu seras entrain de déterrer ta destinée à moitié enterrée. Je suis un témoignage vivant de ce que je dis. Quand les chaînes de la haine sont déliées, la bénédiction toque à la porte.

« L'amour demeure la seule force qui transforme un individu en un être extraordinaire et irremplaçable. La seule chose pour laquelle il vaille la peine de vivre et de souffrir. »

Francesco Alberoni

La haine est un sentiment que je ne tolère pas, que je dois éteindre en moi parce qu'elle me détourne de ma liberté. L'amour est ma seule façon d'atteindre une liberté excellente. Aimer n'est pas un phénomène impensable ou impossible pour les hommes divins, mais il l'est pour les hommes animaux. C'est tout à fait normal de ne pas avoir de bons sentiments vis-à-vis d'une personne qui m'a blessé. Mais le temps est le meilleur outil pour noyer les ressentiments. Il suffit que je refuse d'entretenir la haine et la jalousie en moi. Dieu use toujours de sa grâce pour nous libérer de mauvais sentiments.

Quand je suis né biologiquement de mes parents, j'ai hérité des traits physiques, visibles ou non, de la part de mes parents biologiques. C'est le même phénomène quand je suis né de nouveau de mon Père céleste. Il m'a transmis des gènes spirituels dont celui de l'amour qui caractérise ses enfants. L'amour véritable est une valeur divine que nous acquérons quand nous sommes nés de nouveau, quand un jour nous avons eu un cœur contrit, quand nous avons reçu la justice qui nous a été imputée par le salut de Jésus Christ sur la croix et quand nous sommes devenus libres. Il m'était impossible d'aimer à un certain moment étant toujours ligoté par le passé et les désirs malsains de ma chair. Si Jésus est mort pour que je puisse avoir la vie, je dois aussi faire mourir les actions de ma chair pour pouvoir transférer cet amour divin. L'amour est une valeur perfectionnée par la foi en nous. Je dois témoigner que malgré les chocs que j'ai eus, je combats pour ne haïr personne. C'est très normal qu'il y ait des gens qui m'ont blessé étant donné que j'ai vécu dans une situation où j'étais mis au ban de la société à cause de mes imperfections. Si j'agissais autrement, je serais entrain de marcher à côté de *mon chemin de paix* et je serais perdu tout comme les autres criminels.

J'ai été souvent confondu face au terme « amour ». Je comprenais par amour l'aspect physiologique, l'aspect psychologique, l'aspect social. Premièrement, je sens qu'au fond de moi-même j'ai un amour pour moi-même qui ne change rien dans ma vie profonde. Celui-ci ne manque à personne, il est naturel, il est toujours là et en tant qu'humains, il prime. Même celui qui se suicide, dans son acte, il a un amour de soi puisqu'il prétend se soustraire des malheurs du monde où il vit. Nous prétendons que nous aimons nos prochains alors que, en réalité, nous nous aimons nous-mêmes. C'est cet amour qui recherche l'intérêt personnel, qui espère quelque chose en retour. Ce n'est pas donc l'amour qu'il faut pour faire asseoir la paix en nous.

Cet amour est un grand ensemble de sentiments amoureux - l'amour sexuel y compris. Alors que je grandissais, j'ai été assailli par ce sentiment difficile à décrire que je sentais envers une personne de sexe différent. Cet amour me torturait, c'était juste une passion de l'âme. L'amour d'une personne de sexe différent, ce vif sentiment d'avoir ma compagne me rendait un peu instable quand ma bien-aimée était absente. Il est naturel et charnel tant chez les humains que chez les animaux. Quand je souffrais à cause de cette passion, je me disais être né malheureux avec des sentiments amoureux qui me torturent sans pitié. La douceur et l'amertume étaient à la fois inter mêlées. Alors que les autres le chantent et l'idéalisent, moi je le jugeais souvent dévorant. Il me fallait une maturité pour le vivre prudemment puisqu'il est jaloux et possessif. On ne badine pas avec lui si bien qu'il peut générer la haine ou la mort. Celui-ci est le plus connu, le plus chanté, et même le plus pratiqué.

Je pense que cet amour souvent idéalisé a une dimension psychologique que tout le monde le recherche pour être stable. La vie n'est possible que quand l'on se sent aimé. Je me suis senti dans la solitude, avec ce malaise adamique consommé par la présence d'Ève. C'est après que j'ai découvert le véritable amour, celui qui devrait me coûter toutes mes énergies, c'est celui du prochain. Je me suis souvent trompé que j'aimais et que j'étais aimé alors que c'était un simple désir d'autosatisfaction. Au lieu de dire « Je t'aime », il vaudrait mieux pour certains de dire « je te désire» pour une fin quelconque.

Deuxièmement, quelque chose que je sens en moi ressemblerait à ce concept « amour ». Quelque chose me pousse vers mes frères et sœurs de sang. Je n'y pense pas souvent mais ça se réalise naturellement. Mais mon constat est que je remarque cela chez les animaux que chez les humains. Les animaux, des moins féroces aux plus féroces, témoignent de l'affection envers leurs petits. Il me faut encore aller vers l'avant pour explorer cet amour qui vient de Dieu.

Troisièmement, j'ai eu l'expérience de l'amour des pairs. Buveur, je partageais, j'offrais et on m'offrait et nous partagions le plaisir. Mais ce que j'ai pu observer, c'est que nous étions tous intéressés dans ces actes de partage. Quelqu'un n'avait pas l'espoir d'être remboursé un jour, il ne donnait pas ou il cessait de donner. Serait-il cet amour que Dieu nous exhorte à aimer les prochains? Non, parce que cet amour est loin d'être spirituel. Il a une dimension sociale et ne devrait pas être confondu avec l'amour du prochain. Il est un peu égoïste. Quand on nous dit, « Tu es un Homme » avec H majuscule, après avoir eu un verre de nous, nous nous sentons bien dans notre peau. Mais il est possible que la même gueule déclare « c'est un Salop » avec un S majuscule. Ne confondez jamais l'amour de Dieu avec les simples actes de socialisation, des actes extrêmement intéressés.

L'amour relatif à la sauvegarde de la paix intérieure n'est pas compris dans un sens plus simple. C'est celui qui va jusqu'à aimer, tolérer, aider nos ennemis ou nos opposants, ceux qui ne partagent pas avec nous les croyances religieuses que ça soit au niveau des idées ou des doctrines. L'amour qui recherche la paix doit transcender la doctrine. Aujourd'hui, les conflits religieux sont à la une dans certains pays. Mettant de côté le sage et parfait dessein de Dieu et animés d'une mauvaise foi pour une raison ou une autre, les uns s'enferment uniquement dans leurs dogmes religieux au lieu de promouvoir uniquement l'amour qui s'inspire de la morale universelle. L'amour qui nous comble intérieurement est celui que recommande l'Évangile: « Aimez vos ennemis, faites du bien à ceux qui vous haïssent, bénissez ceux qui vous maudissent, priez pour ceux qui vous maltraitent. »

L'amour que Jésus Christ prône a quelque chose de mystérieux. C'est le don de soi à ceux qui ne sont pas intéressants. Il y a une force divine là dedans. A moins d'être sous la grâce, il est impossible d'arriver à cet état d'esprit. Habituellement et surtout naturellement, nous aimons ceux qui nous aiment; nous faisons du bien à ceux qui nous font du bien; nous prêtons à ceux qui nous prêtent. Tout ceci est naturel et normal. Mais il y a des actes d'amour qui nous comblent intérieurement quand nous les accomplissons. Ce sont les actes généreux qui sont dirigés vers ceux qui ne s'y attendaient pas: nos ennemis. Tout ceci est divin. Nous ne faisons que décider, disposer de notre volonté. Aussitôt que Dieu réalise que notre volonté y est, Il active son pouvoir qui agit en nous. Sa grâce est seulement limitée par notre mauvaise volonté. La grâce divine contient l'idéal de l'amour du bon Samaritain. Nous ne faisons qu'accepter de vivre sous la grâce pour pouvoir aimer nos ennemis.

L'amour qui nous vient d'en haut est l'amour du prochain – l'amour du bon Samaritain. Dieu me demande cette tâche difficile mais noble: celle d'aimer mes ennemis. L'amour du prochain n'a rien à voir avec l'amour des siens. C'est un amour qui va plus loin et qui conditionne une vie paisible avec les gens avec qui nous ne partageons pas la race, l'ethnie, la nationalité, la manière de pensée, ou la mouvance politique. Cet amour là est inconditionnel, il se manifeste dans n'importe quelle circonstance, dans n'importe quelle saison de notre vie. C'est l'amour qui ne compte rien en retour, l'amour qui est au service des personnes différentes de nous, bref c'est l'amour qui émane de Dieu et qui descend chez l'homme comme un don, qui agit en nous envers les autres pour connaître la paix dans nos relations. Pratiquer cet amour, c'est donner une noble leçon à nos ennemis, celle de nous aimer.

Malgré la difficulté d'approcher l'ennemi, je sais que j'ai quelqu'un qui m'aide à recouvrer mes relations. Quand, loin des normes sociales, j'étais repoussé de tout le monde, tout le monde était devenu mes ennemis. Quelque chose m'a étonné. Dieu ne sauve pas l'âme seulement mais Il sauve aussi les relations. Il sait que nous avons besoin des relations pour vivre convenablement et harmonieusement. Jusqu'à maintenant, je ne peux pas démontrer comment j'ai recouvré mes relations. L'Esprit Saint m'a transformé pour m'ouvrir et rentrer dans mes relations rompues. Aujourd'hui, je rends grâces à mon Dieu que je n'ai aucune dent contre quelqu'un. La vie que j'ai tant désirée est celle de vivre libre, dans l'amour et non celle de vivre dans la haine. En effet, il est impossible pour moi de vivre une romance spirituelle si je garde de mauvais sentiments envers quiconque. C'est difficile d'aimer l'ennemi mais Dieu achèvera l'œuvre qu'il a commencé en moi. Je suis incapable d'aimer mon ennemi, mais Dieu me rend capable d'agir dans une dimension spirituelle pour mon ennemi. C'est un don que je reçois par la foi parce que sans l'intervention de la force divine en moi, je ne peux pas prétendre aimer. Seul l'homme divin peut aimer son ennemi, et non l'homme naturel; c'est lui qui peut être à la hauteur des principes du monde – dent pour dent, œil pour œil - celui qui est né de nouveau.

La parabole du bon Samaritain a été une bénédiction pour moi. Le bon Samaritain est mon prototype moral et Dieu mon faiseur de disciple du bon

Samaritain. Le Samaritain représente ici un homme étranger de descendance samaritaine qui est tout simplement en voyage en Judée. Le bon Samaritain ne symbolise pas uniquement ce statut d'étranger mais aussi une figure qui transcende la haine traditionnelle entre les Samaritains et les Juifs.

Sans transcender les situations qui provoquent la haine en moi, je ne peux pas vivre d'une manière la plus spirituellement romantique. Je n'aurai plus une bonne connexion avec Dieu qui m'assure une vie intérieure stable, paisible et harmonieuse. Je ne vois aucune raison de haïr si je suis en Christ et que sa parole est en moi. Si l'humanité continue de connaître beaucoup d'atrocités sous le couvert de la religion, c'est que beaucoup d'entre nous appartiennent à des religions et ne sont pas en Jésus Christ ou, du moins, ne pratiquent pas une spiritualité intérieure mûre. Beaucoup sont ceux qui sont fiers de leur appartenance religieuse au lieu d'être fiers de la pratique de la parole de Dieu. C'est la pratique et non l'appartenance qui nous fait vivre dans la présence de Dieu. L'humanité sera toujours instable si elle ne renforce pas cette sagesse de l'amour du prochain en passant par la tolérance et le respect mutuels en ce qui concerne nos choix, nos opinions et nos croyances.

Toutes les conditions étaient réunies pour que le Samaritain ne s'arrête pas pour secourir ce Juif. Il pouvait plutôt s'en réjouir s'il n'avait pas encore eu la victoire sur le monde et ses principes. Cette victoire sur le monde ne peut pas se réaliser si on n'est pas né de nouveau. Le bon Samaritain n'a ménagé aucun effort pour secourir un homme avec qui ils avaient des divergences religieuses et politiques. Le bon Samaritain a été à la hauteur des différences religieuses, d'appartenance tribale et la haine séculaire entre les Samaritains et les Juifs. Il a témoigné un amour sans intérêt à l'égard du mourant. Il est donc utile que cette parabole soit bien intériorisée par ceux qui continuent à s'entre-déchirer pour les mêmes raisons (religieuses, tribales, politiques, etc.)

La parabole du Bon Samaritain est récitée au légiste qui voulait peut-être tendre le piège au Christ afin qu'il puisse trouver la justification en ce qui concerne celui qui est notre prochain. Il est alors évident que la réponse de Jésus est vide de toute manipulation, de toute fantaisie ni doctrinale ni philosophique humaine pouvant nous conduire à justifier nos raisons d'avoir des ressentiments envers qui que ce soit. Quand j'étais un homme naturel, je savais bien que les sentiments haineux étaient légitimes mais je ne savais pas que j'ignorais plutôt le devoir moral d'un homme divin.

La parabole du bon Samaritain nous incite à la fraternité universelle. Si tout le monde essayait de la mettre en pratique, ce monde deviendrait vite un paradis. Tout en sachant que ce monde est déjà souillé, il est bien de garder sa liberté personnelle en mettant à côté tout sentiment haineux. La réponse est purement divine sur comment nous devons établir nos relations humaines ici-bas pour mériter d'avoir en partage avec l'Éternel son royaume dans lequel la paix nous sera absolument garantie. Cette réponse en outre viendrait contrecarrer tout prétexte tiré volontairement du contexte de différentes Saintes Écritures pour justifier la haine:
« Aimer les prochains comme nous nous aimons nous-mêmes ». Voici la loi immuable, indiscutable et universelle qui résume toutes les lois que Dieu a prescrites à toute l'humanité.

En violant cette loi que j'ignorais, je vivais dans un enfer personnel. Mais en observant cette loi, j'ai découvert le secret le plus précieux de vivre heureux, dans l'antichambre du paradis. Si j'aime mes adversaires, je leur apprends sans les haranguer la leçon la plus noble et Dieu me comble de toutes les bénédictions spirituelles qu'Il garde dans les lieux célestes pour ceux qui ont la foi en Lui. Le caractère désintéressé de l'amour de Dieu se manifeste dans le bon Samaritain en trois aspects. Premièrement, il a rendu service avec patience en assurant le transport du mourant jusqu'à l'auberge, il lui a administré des soins et, probablement, il est revenu pour rembourser ce que l'aubergiste aurait dépensé de plus comme il l'avait promis. Deuxièmement, son amour pour le malheureux n'a pas tenu compte de l'origine de l'homme en danger. Pour la plupart des cas, nous sommes enclin à secourir les gens que nous connaissons bien, soit qu'ils sont de nos proches familles, de la même ethnie ou en tenant compte de diverses affinités. Troisièmement, il ne cherchait aucun intérêt parce qu'il ne connaissait pas la personne qui était dépouillé de tout.

C'est donc cet amour que Jésus me recommande d'aimer. Ce n'est pas l'amour d'aimer quelqu'un parce qu'il est de mon appartenance politique ou religieuse, de mon appartenance ethnique, mais un amour qui a une dimension divine. L'amour du prochain suppose un amour sans limites, qui ne compte pas des intérêts en retour, l'amour de l'humanité. L'amour est différent d'une passion parce que l'amour ne change pas, il est stable et constant, il endure et supporte avec beaucoup de patience les fautes d'autrui, il pardonne, il fait tout ce qui est bien. C'est par cet amour de nature divine que Dieu nous a supportés jusqu'à offrir son fils en rémission de nos péchés.

L'amour du prochain sous entend aussi l'amour que nous devons aimer Dieu. Il y a là une relation d'implication parce que, quand on aime son prochain, on aime Dieu. Si je prétends aimer Dieu tout en ignorant mon prochain, je suis un véritable menteur. Ma manière la plus concrète d'aimer Dieu est celle d'aimer mon prochain. Il ne reste qu'à L'adorer, Lui rendre le culte, Lui faire des actions de grâce. Je ne peux jamais connaître Dieu si je haïs mon frère. Ce qui m'étonne souvent, c'est de trouver des personnes athées mais qui se déclarent Chrétiens. Pourquoi? Ils ne croient pas en Dieu ni en Jésus Christ en tant que Fils de Dieu ou Dieu incarné. Mais ils essaient de pratiquer ses paroles. Au contraire, il est étonnant de voir deux frères soi-disant croyants mais qui ne se disent pas bonjour à cause des conflits anodins.

Il convient aussi de souligner que cet amour véritable, source de paix abondante dans toutes les dimensions de notre vie – individuelle, relationnelle, sociale - a aussi des avantages sur les générations qui nous suivent. Celui qui agit favorablement envers son prochain, ses descendants en tirent beaucoup de profits parce que Dieu veille sur les siens même après sa mort. L'exemple typique est celui de Jonathan, fils du roi d'Israël Saul, dont le fils a tiré profit des bienfaits de son père parce qu'il avait révélé le complot du roi contre David et qu'il avait agi de manière que celui-ci eût la vie sauve. Je suis aussi témoin d'une telle expérience. Dieu a utilisé quelqu'un que mon père avait bien traité une trentaine d'années avant pour que je réintègre dans une vie un peu normale. Je n'avais nulle part où rentrer et je n'avais jamais cru que cet homme pourrait être une solution à moi. Je lui ai parlé de mon malheur avec réserves bien sûr, il m'a invité d'aller là où il louait une petite maisonnette. Ma situation de SDF était disparue. Il restait que je me remette de mes séquelles d'errance pour qu'enfin je sois délivré.

Je suis convaincu qu'aucun geste humanitaire ne s'en va comme ça. D'après la loi chimique, rien ne se perd. Tout geste peut porter un fruit que nous pourrions ignorer de notre vivant. Il est pour notre bien d'agir favorablement et avec amour envers les personnes différentes de nous qui sont persécutées.

Si nous faisons du bien envers les nôtres seulement, non seulement le ciel n'est pas reconnaissant mais aussi il leur semblerait naturel et nous n'aurons pas à bénéficier de la reconnaissance ni de ce monde ni du ciel. Au contraire, quand nous agissons charitablement envers les personnes qui ne s'y attendaient pas, nos futures générations récolteront les fruits de notre amour envers nos prochains. Nous transmettons la bénédiction à nos descendants étant donné que nous récoltons ce que nous avons semé selon la loi de la nature. Nous sommes comblés de paix et de bonheur parce que nous pratiquons la parole de Dieu. Et enfin nous avons la vie éternelle en héritage.

Si j'ai choisi de suivre Jésus et d'être son disciple, j'ai aussi un fort zèle pour le servir. Mais je sais que tout ceci n'a pas d'importance si j'ai des ressentiments envers quelqu'un. Le seul ministère qui me définit comme enfant de Dieu est celui de l'amour. Tous les autres ministères et commandements sont subordonnés à celui-ci. Je demanderais de la force d'aimer chaque fois que je serais tenté de haïr. Je te recommande d'aimer tes ennemis pour que tu puisses mener une vie libre à jamais. Tu y parviendras facilement si tu intériorise le secret de pardonner. Le seul secret d'y arriver est d'accepter de vivre sous la grâce.

« Le pardon est plus qu'un sentiment, c'est une force qui déclenche d'admirables effets. »

Marcelle Auclair

Je pense qu'une chose parmi tant d'autres qui nous prive de notre bonheur est le fait que nous restons acculés à certains aspects de notre culture. Quand je grandissais, je croyais que le fait de pardonner à une personne qui me fait une gaffe est l'une des preuves de ma lâcheté. Étant de jeunes enfants, nous étions jugés infâmes s'il arrivait que nous encaissions une injure ou un coup de poing. Autrement dit, ma culture m'a appris beaucoup de choses merveilleuses, mais elle ne m'a pas appris le pardon. Mais ce n'est pas seulement la culture, la nature aussi me fait défaut sur ce point. Il n'est pas difficile de prouver que ma nature est contre le pardon. Quand j'étais un petit enfant et que je cognais quelqu'un ou quelque chose, la seule chose qui me calmait était qu'une personne adulte me venge en faisant semblant de punir l'objet ou la personne qui m'agaçait. Je constate souvent ce phénomène même aujourd'hui chez les enfants. C'est une preuve que ma nature aime la vengeance.

A défaut de se venger parce qu'on n'en est pas capable, la plupart de gens font recours au refoulement par l'alcool ou la drogue. J'ai vécu dans ce mécanisme de défense pendant des années. Les choses se sont empirées avec mon premier boulot. La rémunération était de loin inférieure à mes besoins quotidiens. J'ai commencé à contacter des dettes auprès des usuriers pour aller faire des murmures avec les autres fonctionnaires mal payés. Je m'enfonçais, pas surtout à cause d'un salaire insuffisant mais à cause de mon état d'esprit malsain, loin de pardonner.

Le pardon est une valeur qui m'a beaucoup manqué et tant que je ne pardonnais pas, je devenais plus malheureux. Mais gloire à Dieu qui m'a appris le contraire de ce que je croyais avant: je devrais pardonner autant de fois que l'occasion de pardonner se présente et cela du fond du cœur. Pierre a posé une question à Jésus en rapport avec le pardon et la réponse de Jésus s'avère être un modèle de pardon. Indubitablement, la question que Pierre posa était relative à son état d'esprit. Peut-être quelqu'un aurait-il commis une faute plusieurs fois que Pierre songeait à ne plus lui pardonner. Il s'attendait à ce que Jésus lui dise qu'il avait fait assez pour qu'il se sentît juste s'il ne lui pardonnait plus. Il Lui questionna sur le pardon comme suit: « Seigneur, combien de fois pardonnerai-je à mon frère, lorsque il péchera contre moi? Sera-ce jusqu'à sept fois? » Jésus lui dit: « Je ne te dis pas jusqu'à sept fois mais jusqu'à septante sept fois. »

En tant qu'humains, ça ne paraît pas raisonnable. Même une mère très chaleureuse ne peut pas arriver à réussir à pardonner à son enfant de la sorte dans le contexte naturel. D'ailleurs, Jésus ne parlait pas de ces cas spécifiques où pardonner semble parfois se dérouler naturellement et sans contraintes. Il parle de tout homme qui pèche contre nous. La capacité de pardonner est une valeur requise pour mériter la vie éternelle et vivre satisfait intérieurement. Nous ne pouvons pas passer par la porte étroite – chemin de la vie éternelle - avec le fardeau des offenses qu'on nous a infligées. Personne ne passe par ce chemin quand il a encore un cœur de pierre. Seuls ceux qui ont été transformés et dont les cœurs ont été changés en cœurs de chair passeront par cette porte.

Si des fois nous sommes fiers de nos connaissances diverses, je suis fier d'avoir appris qu'on est valeureux quand on pardonne. Le pardon ne m'appartient pas, c'est un don spirituel comme tant d'autres. C'est une bénédiction, une force spirituelle que Dieu déverse dans mon cœur. Je ne fais que rendre disponible une chose: ma libre volonté. Pour le reste, c'est Dieu qui fait son opération.

Je suis libre de déclarer: « Mon Dieu, je lui pardonne. » Ceci ne signifie pas que le ressentiment est effacé aussi vite que je décide de pardonner. Le ressentiment s'en va par la grâce de Dieu. Moi je ne fais que prendre la décision de pardonner et de le déclarer. Jamais Dieu ne restera indifférent pour son fils ou sa fille qui a pris la décision de pardonner à son prochain. Le problème est que nous entretenons la jalousie et la haine par notre langage. Les déclarations en défaveur du bourreau entretiennent du ressentiment envers lui. Mais il y a une très bonne approche pour ne voir que le bon côté de notre bourreau. C'est le fait de le déresponsabiliser. Jésus nous a donné l'exemple quand Il a dit, sur la croix, souffrant : « Père, pardonne-leur, car ils ne savent pas ce qu'ils font. » Jésus savait bien que c'était sur la croix qu'il fallait sauver l'humanité. Parfois, on nous fait des gaffes pour une autre raison noble que nous pouvons ignorer.

Quand on vit avec des ressentiments, on vit à moitié. Le corps vit mais l'âme agonise. L'alcool est très utilisé pour essayer de se donner le moral. C'est ce que j'aimais faire. Quand je prenais un verre, c'était aussi une occasion pour ressasser mes expériences amères. Après avoir tout pardonné, j'ai eu un regard sain sur le passé. Par conséquent, j'ai eu un regard sain sur l'avenir. Mon attitude face à l'avenir a changé. Une vie pleine d'espoir et d'attentes a commencé. Il y a aussi un esprit de révélation qui a été activé en moi. En effet, celui qui nous donne un esprit de révélation et qui illumine les yeux spirituels collabore avec les hommes qui sont en harmonie avec eux-mêmes. Or, sans pardon, on est loin de Dieu et de sa révélation.

Je pardonne aussi en faisant intervenir la raison. En effet, c'est à la mesure dont je pardonne que je suis pardonné. Si je ne pardonne pas, je ne suis pas pardonné non plus. C'est pourquoi Jésus nous dit de pardonner jusqu'à sept fois septante. Il sait combien j'ai besoin de pardonner pour que je sois pardonné. Le pardon est comme un investissement. Quand nous investissons dans une affaire, nous avons l'espoir d'une plus value. Quand nous prions, nous devrions être conscients de cette parole: « Pardonne-nous nos offenses, comme nous aussi nous pardonnons à ceux qui nous ont offensés. » Non seulement la parole de Dieu nous dit que nous récolterons ce que nous semons, mais c'est aussi la loi de la nature. On sème la pomme de terre pour récolter la pomme de terre, on sème la vengeance pour récolter la vengeance. Je sème le pardon pour récolter le pardon de mes propres péchés afin que je puisse atteindre un jour la béatitude. Si je refuse de pardonner, c'est à moi la faute. Les personnes qui m'ont blessé l'ont fait parfois avec ma complicité. C'est parce que je leur avais accordé une place de choix dans mon cœur qu'ils étaient donc capables de me décevoir. On nous déçoit des fois parce que, au lieu de poursuivre la présence de Dieu, nous faisons le contraire. Nous courons vers les hommes qui ont sans doute le potentiel de nuire. Les hommes sont parfois des loups. Il faut bien le savoir quand nous cherchons à entretenir les relations.

Il rentre donc dans mes responsabilités morales de pardonner. Je me souviens que j'avais l'habitude de réciter la prière et promettais de pardonner sans le savoir: « Pardonne moi mes offenses comme je pardonne aussi à ceux qui m'ont offensé. » Je me suis souvent trompé sur cette parole, je la récitais sans savoir ce que je disais. Si cette parole venait du fond du cœur de toutes les personnes qui la récitent, il y aurait probablement très peu de dégâts. Le problème est que beaucoup de gueules disent « Pardonne-moi comme je pardonne à ceux qui m'ont offensé » mais les cœurs battent en disant « pardonne-moi Seigneur et laisse-moi me venger avec succès ». Rien d'autre que l'hypocrisie n'empire les choses. Je me suis repenti de n'avoir pas pris au sérieux cette parole. Pourtant, j'ai découvert que le fondement de ma paix intérieure est le pardon. Je demande au Saint Esprit de m'aider de joindre l'acte à la parole afin que je ne succombe pas à la haine et aux ressentiments. Ceux-ci allaient me détruire quand je n'avais pas encore découvert la valeur du pardon.

Dire et faire, l'acte joint à la parole, et non une parole qui est presque rituelle, c'est cela qui plaît à Dieu et qui me rassure la paix intérieure. J'apprends à intégrer progressivement le pardon dans les principes directeurs de ma vie. En pardonnant, nous serions entrain de promouvoir la paix en nous, dans notre environnement social et dans le monde.

Un des plus remarquables obstacles du pardon est notre culture de vengeance comme moyen de sauver notre face devant ceux qui nous ont offensés et notre entourage en général. La vengeance n'a rien à voir avec sauver la face. Mais les hommes qui ont mis en avant le pardon, la tolérance et la réconciliation sont ceux qui ont été élevés dans l'histoire de l'humanité. Parmi ceux-là, Mandela reste la figure la plus remarquable de l'humanité. Nous devons en tant qu'enfants de Dieu, nés de nouveau, qui voyagent vers la béatitude, laisser la loi du Talion « œil pour œil, dent pour dent ».

Si je me vengeais, ma vie serait difficile et mes relations seraient cassées. Il y aurait aussi rupture de mes relations verticales saines avec mon Dieu à qui je dois rendre des comptes en fin de compte. En effet, il est dit que celui qui se venge éprouvera la vengeance du Seigneur qui de ses péchés tiendra un compte rigoureux. Il est bon de pardonner à notre prochain l'injustice commise. Ainsi, quand nous prions, les péchés sont remis. La seule disposition de prier pour nos propres péchés est celle d'avoir pitié de notre semblable.

Si je dédaigne le pardon, je le fais à mes périls et risques. Si j'opte pour la vengeance, je contribue pour que ce monde soit le véritable enfer; et si je refuse de pardonner, pourrais-je régler moi-même les comptes en ce qui concerne les souffrances morales et physiques que j'ai infligées aux autres? Je n'en suis pas capable absolument. La seule formule est d'intégrer dans ma personnalité l'habitude de pardonner non seulement pour ne pas vivre le véritable chaos ici-bas mais aussi pour avoir le visa pour la vie éternelle.

Dans toutes les assemblées de culte et d'adoration, nous demandons pardon au Seigneur. La logique est que si nous ne sommes pas prêts à pardonner aux autres, il ne sert à rien de requérir le pardon auprès de Dieu parce que la rémission de nos péchés est comme notre salaire pour ce que nous avons pardonné aux autres. Nous devons éviter d'être comme ce débiteur impitoyable à qui l'on remit une grosse dette mais qui n'avait aucune pitié envers celui qui lui devait une dette minable. Son maître se mit à compter, il lui devait dix mille talents. Comme il n'avait pas de quoi payer, son maître ordonna qu'il fût vendu, lui, sa femme, ses enfants, et tout ce qu'il avait, et que la dette fût acquittée. Le serviteur, Se jetant à terre, se prosterna devant lui, et dit: Seigneur, aie patience envers moi et je te paierai tout. Ému de compassion, le maître de ce serviteur le laissa aller, et lui remit sa dette. Après qu'il fut sorti, ce serviteur rencontra un de ses compagnons qui lui devait cent deniers. Il le saisit et l'étranglait en disant: « Paie ce que tu dois. » Son compagnon, se jetant à terre, le suppliait, disant: « Aie patience envers moi, et je paierai. » Mais l'autre ne voulut pas, et il alla le jeter en prison, jusqu'à ce qu'il eût payé ce qu'il devait.

Cette parabole dépeint d'une manière impeccable notre nature: une nature égocentrique qui cherche à tourner tout sur soi. Le serviteur venait d'échapper à une condition d'esclave puisqu'il allait être vendu avec sa femme, ses enfants et ses biens parce que la dette était trop lourde qu'elle lui fut remise. Mais ce qui nous étonne, c'est son comportement envers son compagnon. Au lieu de faire la même chose, la Bible nous dit qu'il le prit à la gorge pour une dette de loin inférieure à celle qu'il devait à son maître: cent deniers contre dix mille talents.

Si on essaie de convertir la dette de ce débiteur impitoyable en deniers, il devait à son maître soixante millions de deniers. Encore plus, il le fit jeter en prison, en attendant qu'il rembourse ce qu'il devait.

Ces dix mille talents (soixante millions de deniers) représentent nos propres péchés, nombreux qu'ils sont, que Dieu nous pardonne contre cent deniers représentant les injustices commises par les autres à notre égard. Quand à nos torts, importent peu l'ampleur et le nombre, nous voulons être pardonnés plus et nous ne voulons pas pardonner aux autres la moindre connerie.

Je réalise l'importance du pardon dans le contexte de la paix sous trois angles. Si je considère le pardon sous l'angle individuel, je ne peux pas obtenir la guérison ni voir mes péchés remis si je ne pardonne pas aux autres. Dieu, le seul détenteur de ma paix intérieure, a promis d'établir sa demeure en moi si je garde sa parole. Au contraire, si je n'obéis pas à sa parole, je choisis de ne pas L'avoir en moi et de rester avec mes péchés parce qu'Il ne peut pas cohabiter avec le péché. En plus, mes ressentiments envers ceux qui m'ont offensé me ruinent tant physiquement que psychiquement. Ils me font vieillir précocement. Si je considère le pardon dans ma vie sociale, il y a crise de relations sans pardon mutuel. La crise peut aboutir à la violence physique perpétuelle. Enfin, sous l'angle spirituel, sans pardon, je ne peux pas entrer par la porte étroite qui m'ouvre l'accès à la vie éternelle.

Maintes fois j'ai été déçu, pas par les animaux ou les arbres, mais par les humains. Dieu m'a libéré et m'a donné le commandement de pardonner. Le pardon est une chose praticable si on ouvre son cœur. J'essaie de laisser tout derrière pour explorer les merveilles que Dieu m'a réservées dans l'avenir. Si je reste attaché à ce qui s'est passé, je voyagerais sans doute vers l'enfer. Je demande la force de pardonner n'importe quand, à n'importe qui et pour n'importe quelle faute. Je suis réconcilié avec Dieu et je cherche la réconciliation avec les hommes. Cette force de pardonner ne vient de nulle part ou de personne que de Dieu. La patience dans la parole de Dieu me change et me donne le pouvoir de pardonner.

Si tu veux être rempli de paix, ne fais pas de course vers la drogue ou l'alcool. Pardonne et tu seras une personne éclairée, stable et accomplie intérieurement.

II. L'HARMONIE SOCIALE

Notre but numéro un devrait être la conquête de l'harmonie personnelle avant toute chose. Mais, étant donné que la société a aussi le pouvoir de nous façonner, nous avons aussi intérêt à la façonner en premier lieu. Si nous ne faisons rien pour changer notre environnement social, il nous changera à nos dépens. Il nous est alors important d'œuvrer pour l'harmonie sociale en tant qu'individus qui forment la société.

L'harmonie sociale est un ingrédient très utile à la consolidation de la paix sociale qui est le fondement du royaume de Dieu. Le royaume de Dieu se réalise en moi et à travers moi en tant qu'individu responsable et rationnel. Je suis un petit dieu. Dieu n'utilisera jamais le langage d'une chèvre ou d'une vache pour faire justice aux défavorisés. Il ne fera pas non plus recourt à un animal quelconque pour tendre la main au misérable. Oui, miraculeusement, Dieu a porté secours à Élie par l'intermédiaire d'un corbeau. Mais ceci est un cas singulier hors du commun. Quelque chose doit être fait à travers moi afin que le royaume de paix se réalise en moi et dans la société. Il y a donc une interdépendance entre mon harmonie personnelle et l'harmonie sociale. Sans l'harmonie sociale, ma vie individuelle deviendrait impossible ou difficile et vice versa. L'harmonie et la cohérence individuelles conduisent nécessairement à la cohérence sociale car la société est un ensemble des individus qui partagent les mêmes coutumes, un même style de vie. Quand on cherche à guérir une société d'un vice quelconque, on accorde une grande importance à l'individu. La détermination individuelle est indispensable pour une cause qui a une dimension communautaire. La société et moi, en tant qu'individus, sommes donc deux entités qui se façonnent mutuellement. L'interaction entre le milieu extérieur et ma vie intérieure n'est pas négligeable pour mon épanouissement intégral. Ma vie intérieure, pourtant prête à se conformer à la morale universelle, est souvent fécondée par certaines réalités vicieuses du monde extérieur et de ce mariage le péché est enfanté et le péché, étant consommé, produit ma mort.

Je ne préfère pas rester en silence quant au bien être social parce que d'une manière ou d'une autre le malaise social me scandalise et affecte mon bien être intérieur. Au delà de mes décisions et mes choix individuels, une société peut d'une manière latente institutionnaliser le mal. Ce phénomène découle des penchants naturels ou culturels des individus qui la composent. Il revient alors aux leaders de sonder les voies et les œuvres de la société pour les réformer au cas où c'est nécessaire. Je suis parmi ces leaders qui doivent œuvrer pour le royaume de Dieu. Nous croyons souvent que tel homme d'État est faiseur de pluie et de bon temps. Cela nous conduit à nous limiter au niveau de notre idéal. Dieu, l'Éternel, veille aussi à l'ordre social pour qu'il agisse favorablement à l'égard d'une société quelconque. Il nous demande incessamment de réformer nos voies et nos œuvres afin qu'Il fasse couler la paix comme une rivière au milieu de nous. Il nous demande de pratiquer la justice envers les uns et les autres, de ne pas opprimer l'orphelin et le veuf, de ne pas répandre le sang de l'innocent, d'arrêter tout ce qui n'est pas juste.

Nous considérons banal et dépassé le fait que nos sociétés puissent connaître de l'instabilité, des malheurs à cause de notre conduite immorale qui s'institutionnalise petit à petit.

Si les individus d'une communauté quelconque sont en harmonie avec eux-mêmes par le processus de la culture et de l'éducation à la paix, il est noble de chercher à cimenter l'harmonie sociale et à réparer ce qui va mal par la conciliation des valeurs. La société n'est pas quelque chose d'abstrait qu'on comprend uniquement dans l'idée. Elle est composée par des individus palpables. Elle est, elle aussi, palpable. Ses aspects négatifs ou positifs proviennent de la philosophie que ceux qui la composent se sont érigée comme une ligne de conduite pour réussir la vie collective ou individuelle. La ligne de conduite sociale des membres de la société peut être le résultat d'un compromis avec Dieu ou Satan. La paix sociale n'est pas le fruit du hasard. Elle est le résultat du compromis des membres de la société avec Dieu et ses lois.

Ce qui est évident, c'est que nos sociétés ne peuvent être ni stables ni paisibles si Dieu n'y règne pas. Dieu y règne si nous faisons sa volonté, et Il est le garant de la paix: «Shalom». Si nous ne faisons pas sa volonté, nous avons un autre roi dont la mission est de voler, égorger et détruire. C'est pourquoi, nos sociétés entrent en guerre apparemment par hasard parce que, au lieu de consolider les principes divins, on a donné une opportunité au malin pour qu'il vienne faire sa mission: voler, égorger et détruire.

Nous agissons selon ce que nous avons entendu comme moyen de vivre heureux. Nous sommes toujours des êtres qui nous battons pour avoir le bonheur en plénitude. Cependant, nous pouvons nous tromper au niveau du choix parce que nous avons intériorisé une manière de vivre et de penser qui va à l'encontre des principes divins. Les lois, les principes et les valeurs d'une société, si inspirés par le plan divin et sérieusement inculquées aux membres de la société, contribuent à la construction d'une société paisible et stable. Entre autres, le respect, la justice et la liberté sont des valeurs chères à moi pour l'harmonie de la société. J'ai l'idéal de me battre sérieusement pour ces valeurs qui sont pour moi le fondement de ma paix et la paix sociale. D'après mes observations et mes expériences de la vie, le nombre de fois que j'ai été violent envers quelqu'un ou envers un groupe, c'était soit lié au désir de combattre pour ma face, soit lié au désir de justice et de liberté.

« Il n'existe pas d'autre voie vers la solidarité humaine que la recherche et le respect de la dignité individuelle. »

Pierre Lecomte Du Noüy

Le désir le plus profond qui motive tout ce que je fais et tout ce que je dis n'est pas du tout matériel. C'est celui d'être respecté et d'être aimé. Si tout le monde se sentait aimé, approuvé et respecté, il n'y aurait aucun conflit dans le monde.

Les personnes qui manifestent un comportement violent ne sont pas aussi violentes que nous le croyons. Elles répondent plutôt par la violence à notre attitude dédaigneuse - présumée ou réelle – à leur égard. Parmi les personnes qui m'ont aidé à rentrer dans ma destinée, je dois beaucoup de crédit à celles qui m'ont respecté tel que j'étais. Celles-ci m'ont changé sans le savoir tandis que celles qui affichaient un comportement hostile envers moi m'invitaient, non à changer, mais à la défensive violente ou non.

En plus, parmi les choses qui m'ont vraiment marqué négativement, c'était d'entendre une personne raisonnable dire, à mon insu ou non, que j'étais fou. La folie est une chose qui a une connotation universellement négative. Je ne pense pas démentir cela mais quiconque a dit une terrible chose a manqué du respect envers moi.

Approchez-vous des hommes que vous jugez violents et impossibles, donnez-leur du respect et de l'amour en tout et partout. Je vous garantis, à quelques exceptions près, que vous allez voir une face de leur personnalité qui n'est que la douceur. Vous les verrez sans doute fondre en larmes si vous sauvez leur face au détriment de la vôtre. Plus vous leur témoignez qu'ils sont aussi dignes et importants que vous, plus vous leur rendez service de changer de l'attitude violente à la douceur. Ils ont besoin beaucoup plus de votre respect que votre gentillesse. Vous entendrez souvent dire:
« Celui là me salue bien même s'il ne me donne rien. »

L'apôtre Paul a eu une très merveilleuse révélation en rapport avec la vie en famille: le respect et l'amour sont à la base des relations saines dans la famille.

La famille est une petite unité de la société qu'on peut généraliser les relations en famille sur toute la société. Mon « moi » culturel, racial ou tribal souvent illusoire va à l'encontre de « l'autre » jugé inférieur, non civilisé, inhumain.

Nous chantons notre dignité en tant que créatures à l'image de Dieu. La pire des absurdités, nous croyons que les autres qui ne sont pas des nôtres sont des loups. C'est dingue et inimaginable. Ceci concourt à une attitude offensive pour les uns et à une attitude défensive pour les autres et il y a collision et crise de la dignité humaine. En outre, un autre aspect de respect qui fait bouger une société s'il n'est pas observé, c'est le respect des autorités et vice versa. Les gouvernés doivent obéir à leurs autorités (Rom. 13:1-3); mais aussi les gouvernants doivent respecter leurs gouvernés: ceci est la volonté de Dieu.

Par dignité humaine, j'entends l'incarnation de la personne divine dans l'homme. « L'Éternel Dieu forma l'homme de la poussière de la terre, Il souffla dans ses narines un souffle de vie et l'homme devint une être vivant. » (Genèse 2:7). Ce souffle de vie que Dieu a soufflé dans les narines de notre ancêtre, qui lui conféra une certaine divinité, fait ma dignité. Rien d'autre que ça. Ce n'est pas l'argent qui est sur mon compte bancaire, ni ma taille ou mon apparence qui me confère ma dignité mais bel et bien ce souffle de vie. En effet, si on va au cimetière, on est cette fois-ci convaincu de cette vérité: tous se ressemblent. Là bas il n'y a que de la matière sans vie.

Le fait que tout homme est élu indépendamment de sa race ou de son origine par la grâce divine à travers la croix me convainc aussi sur la dignité humaine. Le respect de sa dignité nous est indispensable. Nous n'avons aucune raison de nous ôter mutuellement la vie ou de nous mépriser.

Au départ de la création, l'homme était bien dans son jardin. Peu après la première génération, la terre devint un véritable abattoir humain. Le péché d'Adam fit que l'on mangeât après avoir fourni beaucoup d'efforts, et ensuite Dieu dit à Caïn que même s'il cultiverait la terre, elle ne donnerait plus ses fruits à cause de son acte sauvage envers son frère, Abel. Il s'en suivit donc des problèmes environnementaux et économiques. L'exclusion, le fait de se disputer la dignité commence dans cette logique: l'intérêt de défendre sa survie dans ces problèmes d'économie.

Il s'agit pourtant d'une cécité spirituelle de dire que «l'autre» n'a pas de dignité parce qu'il n'est pas notre semblable de divers points de vue. Il faudrait plutôt chercher une manière de voir la diversité pas comme une malchance mais comme une décision du Très Haut pour permettre à sa création de vivre harmonieusement. La véritable cause des querelles est qu'il y a des gens qui veulent utiliser l'identité pour conquérir, conserver et maintenir leurs intérêts qui tournent au tour de l'économie.

Par exemple, le sexisme date de longtemps et presque dans toutes les cultures. La vision de Dieu sur l'humanité était centrée sur la mutualité afin que nous ayons des soucis les uns envers les autres et non sur le mépris mutuel. Dieu a créé chaque individu et à chacun, il lui a donné sa fonction. Nous avons des dons différents selon la grâce qui nous a été accordée. Je n'ai pas le droit de me vanter sur mes accidents naturels et croire que j'ai plus de dignité que les autres. Si je suis intelligent, je pourrais avoir été né déficient mental; si je suis beau, je pourrais avoir été né laid comme Esope, le Phrygien, décrit comme le plus laid de l'humanité. Tout découle de la grâce divine et rien que la grâce divine. Tout devrait concourir à glorifier Dieu.

Il n'y a personne qui vit par hasard. Nous sommes tous dotés des talents pour le bien de nous-mêmes premièrement, et pour le bien de l'humanité deuxièmement.

Si chacun répondait à son appel, nos sociétés seraient des paradis. La paix sociale serait une réalité si nous reconnaissions notre propre dignité et celle des autres indépendamment de qui nous sommes. Le fait que nous nous disputions la dignité fait que nous ne répondions pas à notre propre appel par envie. Or, la grâce de Dieu nous accompagne dans n'importe quel appel pourvu que nous soyons obéissants.

Prenons par exemple trois personnes qui sont ensemble et qui ont terriblement faim. La première est en possession d'une cruche d'eau, la deuxième est en possession d'une boîte d'allumettes, et la troisième est en possession de la farine. Pour que ces trois personnes puissent avoir à manger, qui serait le plus privilégié parce qu'il est doté d'une meilleure provision? Qui serait traité indigne d'avoir une part parce qu'il n'est pas en possession d'une provision indispensable pour préparer le repas? Certainement personne. Parmi ces trois, il n'y a pas deux qui puissent se mettre ensemble pour décider au détriment du troisième, encore moins une qui puisse décider contre deux autres. C'est alors la même chose pour nos différences: on a besoin l'un de l'autre pour qu'il y ait harmonie. Le respect mutuel s'impose. Nous sommes tous dignes de respect et le respect mutuel renforce la paix sociale.

Dieu a permis la diversité pour que nous nous rapprochions en vue de voir dans l'un ou dans l'autre une fortune, un élément ou un don de Dieu dans un ensemble fait d'harmonie, pas pour que nous nous méprisions mutuellement. Je ne peux pas dire combien même les gens que j'ignore m'ont aidé à devenir qui je suis. J'ai lu beaucoup d'auteurs qui m'ont perfectionné à travers leurs écrits. J'ai suivi des cours par différents professeurs et cela m'a changé. Ce qui est curieux, tous ces gens étaient différents de moi. S'ils n'étaient pas différents de moi, ils n'auraient rien contribué pour que je grandisse intérieurement. C'est vrai que j'ai une identité culturelle dont je suis fier, mais elle ne me pousse pas à mépriser les

autres qui ont une autre identité.
Le fait que j'ai une identité est quelque chose normale et je peux même en être fier à raison. Au contraire, si je manipule cette identité dans le non respect des autres, cette même identité me diminue, me dérive, me réduit au détriment de ma propre dignité. Nous repoussons sans le savoir notre dignité humaine que Jésus a restaurée quand il nous a unis dans nos différences afin que les races du monde soient unies et dignes de respect en son nom. S'enorgueillir parce que l'on appartient à tel groupe minoritaire ou majoritaire ou en fonction des traits physiques, c'est la pire folie que l'humanité n'ait jamais connue. J'ai plutôt raison si je m'enorgueillis dans les principes du Seigneur: l'amour, la bonté et la justice envers les autres.

Sous l'angle chrétien, il est étonnant de voir quelqu'un porter atteinte à la dignité de l'autre. Ce que Dieu avait honoré, nous traitons indignement comme nous voulons soit en paroles soit en actes. Jésus nous met en garde même d'articuler « imbécile » à une autre personne: Il connaît bien notre dignité. En effet, nous ne nous rendons pas compte que nous frustrons Dieu même naïvement. Quelqu'un serait pris de rage si on appelle ses enfants « chiots » qu'il ignorerait combien il agace Dieu en s'adressant à ses enfants n'importe comment. En outre, nous sommes des temples et des tabernacles privilégiés de Dieu étant donné qu'Il a fait habiter son Esprit en nous. Celui qui se donne à la destruction du corps humain se livre au sabotage du tabernacle divin.

Pour apprécier sans erreur la dignité humaine, il est crucial de mettre à part notre miroir personnel et social afin d'interroger le miroir divin que représentent les Écritures. En effet, en interrogeant les deux premiers miroirs, nous courons le risque d'évaluer la dignité humaine en faisant intervenir les traits physiques, l'état mental, la position socio-économique, les études, etc. Toutes ces considérations sont irrationnelles, spéculatives et émotionnelles. Les Saintes

Écritures constituent un miroir divin qui nous reflète la véritable dignité humaine à travers le plan, les décisions et les actes divins pour l'homme.

Par exemple, quand Jésus vit un homme possédé par des esprits mauvais, il le délivra et envoya ces esprits mauvais vers les porcs. Pour les propriétaires de ce cheptel, c'était la consternation car, pour eux, ces porcs valaient plus que l'homme en question qu'ils réclamèrent le départ de Jésus. Le possédé était mis à part parce qu'il était considéré comme impur et son état mental était critique (Marc 5:1-20). Ces faits montrent combien nous sommes enclins à considérer les hommes à différentes situations critiques comme indignes de vivre. Jésus est venu pour restaurer la dignité à toutes les catégories de gens que nous sommes sensés respecter toutes les personnes si nous voulons consolider la paix sociale et faire de nos sociétés le royaume de Dieu. Nos sociétés seraient des paradis si nous considérions les hommes comme Dieu les considère. Ainsi serions-nous capables de valoriser le trésor qui est caché en eux. Les Écritures nous renseignent maintes fois sur la dignité humaine.

Premièrement, Dieu créa l'homme à son image. Au moment de la création, ce n'est pas seulement la parole qu'Il utilise mais un effort considérable fut mis sur pied étant donné qu'une créature spéciale qui Lui ressemble allait voir le jour. Deuxièmement, Dieu lui donna la terre pour qu'il la domine. Tout ceci fut perdu avec la chute de l'homme. Mais ce n'était pas fini parce que Dieu envisagea un autre plan: celui de racheter l'homme.

Troisièmement, après que l'homme eut chuté, Dieu sacrifia son fils unique afin que quiconque croit en Lui ne périsse pas mais qu'il ait la vie éternelle. Il a fait pour l'homme ce qu'Il n'a pas fait pour les anges rebelles: Il ne les a pas rachetés. A travers cet amour, nous pouvons lire notre dignité. Quatrièmement, il nous rassure que nous sommes ses fils et Lui, notre Père. Dieu ne nous a pas seulement créés, Il nous a aussi engendrés; ce qui fait encore notre dignité. Nous sommes devenus enfants de Dieu à la seconde naissance.

Cinquièmement, Dieu nous a donné le privilège d'appartenir à un sacerdoce royal, d'être une race élue et de devenir une nation sainte. Enfin, le Christ est monté et nous avons la promesse d'habiter tout près de Lui. Formidable! Au moment où il y a une crise de l'habitat sans précédent, une crise que j'ai connu en personne pendant presque une année sans domicile fixe, voilà que nous avons une promesse que nous pourrons habiter auprès du Christ dans un lieu sûr, sans stress, ce qui fait encore plus notre dignité. Imaginons l'honneur et le bonheur que nous sentons quand nous avons le privilège de vivre tout près du palais présidentiel dans ce monde. Quelle dignité d'entendre que nous pourrons vivre dans un palais du Roi des rois et surtout éternellement?
On pourrait appeler cette dignité «la dignité chrétienne»; mais c'est bel et bien la dignité humaine, le fait que c'est à tout homme qu'ont été offertes ces opportunités. C'est pourquoi alors, porter atteinte à la dignité humaine, c'est s'attirer le courroux de Dieu parce qu'on agit contre ses principes, ses lois, ses valeurs et son plan. Celui qui se révolte contre les valeurs, les lois et les principes divins, le fait contre le royaume de Dieu sur terre. Or, sans le royaume de Dieu, où trouvera t-on « Shalom »? Porter atteinte à la dignité humaine, c'est introniser Satan dans nos sociétés afin qu'il vienne faire sa mission: voler, égorger et détruire. Par là, nous comprenons comment la paix sociale peut être mise en cause par le non respect de la dignité humaine.

Il y a une autre chose qui fait chavirer le royaume de Dieu sur terre, c'est le manque de respect vers les autorités. Je crois que j'ai le devoir de les respecter parce qu'ils ont été institués de Dieu. Ils le représentent pour faire appliquer sa volonté parmi nous. Si je me rebelle contre une autorité, je me rebelle contre Dieu qui l'a instituée. Je ne vois pas comment nous pourrions vivre sans aucune reconnaissance hiérarchique. La hiérarchie est un ordre naturel qui se trouve même dans la société des animaux.

Rousseau nous avertit que c'est de notre obéissance aux lois, notre respect pour nos ministres que dépend notre conservation. S'il reste parmi nous le moindre germe d'aigreur ou de défiance, hâtons-nous de le détruire comme un levain funeste d'où résulteraient tôt ou tard nos malheurs et la ruine de l'État. [...]

Cependant, loin d'encourager un pouvoir absolu de droit divin, le respect de tous les côtés doit être une règle d'or pour qu'une société soit paisible. Certaines autorités abusent de leur pouvoir pour essayer de conserver leur pouvoir le plus longtemps possible. Celles-ci peuvent attendre une fin regrettable parce qu'ils ne sont pas accompagnés par la puissance et la grâce divines. Cela ne veut pas dire qu'ils ne continuent pas de bénéficier de la persévérance divine: Saoul a dirigé pendant des décennies alors que Dieu avait investi un autre roi – David.

Quand on ne gouverne pas avec droiture, le pouvoir devient une occasion de chute, et contre l'idéal de la paix on devient un obstacle. Une bonne autorité devrait se comporter comme un bon berger et non un mercenaire. Il s'avère important qu'une autorité ait aussi des valeurs affectives. Une bonne autorité ne manque pas d'avoir des valeurs chrétiennes. Il aime son peuple et il est prêt à sacrifier sa vie pour son peuple compte tenu de leur dignité. L'amour du prochain renferme aussi l'amour de la patrie. L'amour de la patrie est mathématiquement inclus dans l'amour du prochain. Comme on ne peut pas prétendre aimer la bergerie sans aimer les brebis, on ne peut pas prétendre aimer son pays alors qu'on n'aime pas ceux qui le peuplent. Ce serait de la pire démagogie, de la duperie. Une bonne autorité doit être un bon berger qui voit bien la dignité de son troupeau, prêt à se dessaisir de sa vie pour ses brebis et pas un mercenaire à qui les brebis n'appartiennent pas, qui, voyant le loup, il

abandonne ses brebis et prend la fuite. Ce mercenaire, au lieu de valoriser la dignité de ses brebis, il ne valorise que le salaire qu'il cumule.
Il se peut que, quand on est berger, un ou deux lions, loups ou ours se déguisent en brebis pour échapper à l'attention du berger afin qu'ils puissent égorger les brebis sans difficulté. Un berger, une bonne autorité et pas un mercenaire affronte la bataille si dangereuse soit-elle. Si nous donnons l'exemple de Jésus qui n'a pas succombé à la tentation de la peur parce que celui-ci avait une nature divine, il y aurait peut être des gens qui contesteraient la possibilité d'offrir la vie pour son peuple - ses brebis. Nous avons à côté de Lui, un homme de son ascendance charnelle du nom de David qui n'avait pas peur d'intervenir quand ses brebis étaient menacées. David faisait paître les brebis de son père. Et quand un lion ou un ours venait en enlever une du troupeau, il courait après lui, il le frappait, et il arrachait la brebis de sa gueule.

David était un bon berger, ce qui lui valut le mérite de diriger le peuple d'Israël. Dieu avait lu son cœur et avait vu tous ces exploits pour l'instituer roi de son peuple. Dieu, qui voit plus loin que les hommes, voyait en lui les qualités d'une bonne autorité: le courage, la fidélité et le dévouement à sa vocation. Une bonne autorité est donc convaincue qu'il a la mission de faire paître convenablement les brebis de son père et qu'il doit veiller à ce qu'il ne perde pas même une seule brebis. David n'agissait pas seulement quand le lion ou l'ours prend deux, trois ou plus; il ne se disait pas qu'une brebis parmi le troupeau ne signifie rien. Là où on connait bien la dignité humaine, une personne en danger fait trembler tout le pays. Le mercenaire, au contraire, une fois qu'il soupçonne le moindre danger, ne supporte pas le moindre risque étant donné qu'il travaille pour son propre compte.

L'absence de respect entre les gouvernants et les gouvernés conduit nécessairement au chaos social.

Tu es Chrétien mais tu as encore du mépris envers quelqu'un ou un groupe quelconque. Repens-toi et sache dorénavant que, par la foi, nous sommes tous fils de Dieu en Jésus Christ et que nous revêtons Jésus Christ par le baptême. Alors, en apprenant à ne voir que Jésus dans n'importe quelle personne, tu apprendras à apprécier la juste dignité de quelqu'un, qui qu'il soit, et tous les membres de la société apprendront à se voir comme un seul corps de Jésus Christ à travers la foi en Lui. Ces lignes peuvent paraître discriminatoires à l'endroit de ceux qui n'ont pas encore cru mais, comme nous avons été sauvés par la grâce, nous ne pouvons pas dire que nous sommes plus dignes qu'eux. Dieu seul saura comment les traiter. Nous avons le devoir de les respecter, de ne pas les juger. Aussi es tu un leader d'un groupe et tu penses qu'un bon leader doit être un lion, un maître. Tu t'es trompé, ton leadership n'est pas celui du royaume de Dieu. Change plutôt et deviens un leader-serviteur pour être grand.

« Si on pouvait fouiller les cœurs et les consciences, on retrouverait presque toujours à l'origine des haines sociales, une souffrance physique ou morale, une injustice ou un vice d'argent. »
Laurent Barré.

La deuxième valeur, un ingrédient clé pour la paix, c'est la justice. C'est une valeur qui est menacée dans cette ère de la cupidité. Entendons cette justice par l'égalité en droits mais aussi la juste répartition des biens matériels entre les individus de différentes catégories dans la société: l'équité. Une bonne gestion de la vie sociale est l'une des facteurs de la paix sociale. Une bonne gestion de la vie sociale suppose le fait de garantir l'égalité de chances aux membres de la société, la protection des droits des personnes vulnérables.

Les dix commandements de Moïse sont bien mémorisés. Il y a d'autres commandements spécifiques à une fonction quelconque. Ce n'est pas n'importe qui a ce commandement: « Tu ne porteras point atteinte au droit du pauvre dans son procès. Tu ne prononceras point de sentence inique, et tu ne feras point mourir l'innocent et le juste; car je n'absoudrai point le coupable. Tu ne recevras point de présent; car les présents aveuglent ceux qui ont les yeux ouverts et corrompent les paroles des justes. » Chacun, dans sa fonction qui lui est confiée, a un bon nombre de commandements qu'il doit observer pour l'harmonie sociale, racine de la paix sociale.

Ces versets nous révèlent la volonté de Dieu: c'est que le faible profite du droit aussi bien que le fort pour qu'il y ait harmonie sociale et non le principe selon lequel on est rendu blanc ou noir selon qu'on est puissant ou misérable. Une société n'est ni stable ni paisible que quand elle suit les principes divins, lesquels principes sont si bien calculés pour le bien de l'humanité.

La justice suppose aussi l'égalité des chances, le droit de ne pas dépendre exclusivement de la chance ou de la malchance, de certains accidents naturels (handicap physique, déficit mental ou autres) ou sociaux (le fait d'être marginalisé à cause de son origine, le veuvage, le fait d'être orphelin, etc.). La paix sociale est mise en cause si les membres de la communauté ne sont pas traités de la même façon, s'ils n'ont pas des opportunités égales pour s'épanouir. Se référant à la justice divine, nous avons tous les mêmes chances à la citoyenneté céleste. Mais nous pouvons les gaspiller nous-mêmes. Il n'est pas partial, celui qui le craint et pratique la justice est agréé de lui. Il faut que tous les membres d'une communauté aient les mêmes chances et opportunités, et soient différenciés par le mérite en vue de poursuivre et de consolider la paix sociale. Si deux frères jumeaux, supposés avoir des sentiments très positifs l'un envers l'autre, ne sont pas accordés par leur père géniteur le même droit de succession, ils se haïront comme le chat et la souris. Ainsi est-il le cas des membres de la société à qui on offre des opportunités inégales.

Un autre aspect de justice est celui de la répartition des richesses. De nos jours, la répartition des richesses est déséquilibrée d'une manière significative, ce qui fait que les uns ne peuvent pas couvrir leurs besoins primaires alors que les autres ont énormément de moyens qui dépassent de loin leurs besoins. Qu'il y ait des gens pauvres et extrêmement affamés, c'est la conséquence de l'homme naturellement égoïste et des sociétés rendues capitalistes à outrance et non la volonté de Dieu. En plus, l'avarice de la nature, qui est notre malédiction après la chute du premier homme, fait que nous vivions dans la phobie continuelle de la pauvreté. Nous cherchons à tout accaparer et surtout le plus vite possible. Nous devenons malheureusement pauvres parce que nous hésitons d'investir éternellement pour Dieu en servant la cause des pauvres.

Nous ne pouvons pas être des pionniers de la justice sociale si nous sommes hantés par la phobie de la pauvreté. Je supplie Dieu de me donner du cœur en or pour ne pas avoir un même état d'esprit que le riche insensé dont nous parle la Bible. Les générations présentes partagent l'esprit du riche insensé. Le riche insensé décida d'abattre ses greniers, d'en bâtir d'autres, et d'y amasser toute sa récolte et tous ses biens parce que les récoltes avaient été très abondantes. Ce riche insensé a agi comme si Dieu qui l'avait béni allait mourir le lendemain. Ce phénomène existe aujourd'hui suite à la décadence de vrais valeurs et des idéaux fondamentaux. Les valeurs économiques - le profit, la compétition et la concurrence - l'emportent sur les valeurs morales qui ont caractérisé les sociétés traditionnelles. L'entraide réciproque et la solidarité sont en péril suite à la mauvaise conception de la notion de pauvreté et de la richesse. Quelqu'un qui amasse des richesses cupidement s'appauvrit dans le royaume de Dieu. Mais celui qui sème dans le royaume de Dieu en pourvoyant aux plus défavorisés s'enrichit davantage.

En effet, la pauvreté qui, dans son essence, se conçoit en fonction de l'incapacité de satisfaire les besoins fondamentaux, est dans certains cas comprise comme l'incapacité de répondre à ses désirs charnels. Or, nos désirs charnels sont parmi nos ennemis les plus dévorants. Ce que je demande à mon Dieu, c'est de me rendre capable de maîtriser mes désirs car ceux-ci ne me permettront jamais d'être un acteur de la justice sociale. Si je suis très envieux, je ne peux pas être au service des autres ou du royaume de Dieu mais je resterais au service de cette matière poussiéreuse dont ma chair est faite. Sans cette bonne disposition de mon cœur pour être sensible aux besoins des autres, j'accumulerais des richesses qui, d'une façon ou d'une autre, une fois mal utilisées, m'aideraient à financer le camp ennemi de ma vie.

Si je suis béni, c'est pour que je puisse bénir à mon tour sous forme de redistribution dans le royaume de Dieu. Je ne peux pas bénir si je souffre de la phobie de la pauvreté et si je ne suis pas mort en ce qui concerne mes désirs charnels. Pour vaincre cette phobie, je dois d'abord être rassuré que si Dieu – source intarissable de toutes les bénédictions - m'a aimé et béni avant que je le connaisse, Il le fera davantage si je suis fidèle à Lui et que j'investis en bénissant à mon tour les pauvres pour sa gloire car celui qui a pitié du pauvre prête à l'Éternel, qui lui rendra selon son œuvre (Proverbes 19:17). Chaque fois que j'ai tendu la main au défavorisé, j'ai toujours eu un sentiment de satisfaction provenant du fond de moi-même. Mais chaque fois que je me suis rassasié de nourriture et de boisson, une voix discrète au fond de moi m'a fort accusé. Je suis né avec un devoir spirituel de pratiquer la justice mais la délinquance charnelle me fait souvent dévier de cet appel noble, indirectement et secrètement enrichissant. Souvenons-nous que nous sommes les canaux de la grâce divine. Ce n'est pas le cep qui porte directement les fruits, mais c'est par les sarments qu'on peut en avoir.

Le fait qu'il y ait des pauvres dans la société, ce ne sont pas les ressources qui manquent. La pauvreté dans la société est la conséquence des personnes qui pensent négativement avec ce qu'ils ont: « Je vais m'appauvrir si je gaspille mes biens. » Telle est la pensée qui fait que les ressources soient inégalement réparties parmi les hommes quand le verbe «donner» reprend la signification de «gaspiller». Si chacun de nous pensait positivement comme le psalmiste David, il n'y aurait pas de personnes qui crèvent de faim dans le monde. La paix serait évidemment abondante.

David était convaincu que l'Éternel était son berger et qu'il ne manquerait de rien. La cause de notre égoïsme est le manque de foi. On a l'abondance, ce n'est plus Dieu qui est impliqué. Mais la force et l'intelligence personnelles sont faussement impliquées.

Cependant, si je suis rassuré que Dieu est mon berger et que je ne manquerai de rien, je suis libéré de la phobie de la pauvreté et je peux cette fois-ci utiliser mes richesses pour le royaume de Dieu et non pour moi-même exclusivement. Cet état d'esprit fait que je me serve de mes richesses personnelles dans l'allégresse pour construire un royaume de paix où les personnes les plus défavorisées puissent profiter de mes biens. Nous ne sommes riches que quand nous investissons dans l'autre monde où nos richesses deviennent éternelles et impérissables étant donné que ce qui nous accompagne quand la mort nous emporte n'est pas ce que nous avons reçu mais ce que nous avons donné avec joie. La redistribution volontaire des richesses est une source d'actions de grâces envers Dieu tandis que le contraire ferait que les mécontents nous fassent part de leur mécontentement.

Construire un royaume de paix dans nos sociétés suppose la mise en application de la volonté divine. La volonté divine est de pourvoir aux besoins des plus défavorisés: les orphelins, les veufs et toutes les autres catégories vulnérables.

Ma conviction reste que ce n'est pas dans le plan de Dieu que les démunis n'arrivent pas à avoir les besoins vitaux. En plus, ce n'est pas nécessairement la vie qu'ils ont choisie mais c'est une situation qu'ils subissent. Il est plutôt dans le plan de Dieu que toute personne ne soit pas victime de sa situation sociale. La société et la nature égocentrique humaine font qu'il y ait un très remarquable décalage entre les hommes. Le ravin social entre les « Have » et les « Have not », dans une société où les uns manquent du pain alors que les autres en font du jouet, fait que la coexistence pacifique soit à désirer.

Il n'est nulle part indiqué que Dieu a prédestiné d'avance à certains à vivre dans des conditions misérables, et aux autres dans des conditions matérielles d'extrême opulence. Même s'il permet avec sagesse que cela arrive, le temps viendra quand il jugera ses brebis. Certaines brebis fortes paissent dans le bon pâturage et foulent de leurs pieds le reste du pâturage. Elles boivent aussi une eau limpide qu'elles troublent avec leurs pieds. Certaines autres se contentent du pâturage que les premières ont foulé et d'une eau qu'elles ont troublée. Ceci ne résulte pas du plan divin. C'est pourquoi, pour maintenir la paix sociale, chacun doit veiller à ce qu'il y ait un certain équilibre quant aux conditions de vie matérielles entre toutes les catégories de gens qui vivent dans la société.

En effet, la paix est difficilement acquise sans le pain. La paix et le pain sont deux choses complémentaires. Sans la paix, il devient de plus en plus difficile d'avoir le pain - exception faite aux profiteurs du mal. Sans le pain, la paix sociale devient aussi une utopie. Dieu Lui-même ne néglige pas l'importance du pain associée à Sa parole pour avoir le bonheur en plénitude en soulignant seulement la primauté de sa parole. Quand Il dit: « l'homme ne vit pas de pain seulement, mais que l'homme vit de tout ce qui sort de la bouche de l'Éternel » (Deut. 8:3), une interprétation qui n'est pas spéculative de ce verset ne peut pas ignorer que sans le pain, la vie n'est pas possible. Le verset attire seulement notre attention sur le fait qu'il faut penser à la primauté de la parole de Dieu sur le pain d'autant plus que les enfants de Dieu s'appuient sur sa parole pour avoir le pain. Les sociétés qui négligent l'idéal de la justice sociale progressent non seulement vers l'instabilité mais aussi vers la disparition.

La justice nécessite différentes actions d'une nature et d'une échelle différentes: l'action individuelle, l'action publique ainsi que l'action du réveil spirituel. L'action individuelle est une action libérale où un individu ou des individus s'engagent à intervenir pour secourir un groupe de gens défavorisés. Cela nécessite l'acquisition de certaines valeurs au niveau de l'harmonie personnelle: la liberté et l'amour du prochain. Quand nous pratiquons la justice dans ce sens, nous faisons une contribution à l'édification d'une société paisible et harmonieuse, et nous nous enrichissons des œuvres dont nous récolterons les fruits dans l'au-delà.

Deuxièmement, la justice sociale s'opère par l'intervention de l'État Civil par les impôts et les taxes. Ce qui est malheureux dans une société, c'est d'exiger à ceux qui n'ont pas assez de moyens et ne demander presque rien à ceux qui ont eu des accidents sociaux et naturels favorables en confondant les Saintes Écritures: « On donnera à celui qui a; mais celui qui n'a pas on ôtera même ce qu'il a. »

La raison pour laquelle l'injustice sociale persiste est que ceux qui devraient réguler les inégalités dans la société sont ceux-là qui ont été choyés par la nature, qui se trouvent au sommet de la société, et qui ont le pouvoir d'échapper aux devoirs civiques. Par conséquent, ils sont intéressés par ces inégalités. Je dois dire que j'ai souvent boudé s'il arrivait que je paye l'impôt parce que je croyais plutôt que c'est de l'injustice commise à mon égard. Maintenant je comprends que c'est mon devoir non seulement civique mais aussi moral envers Dieu. Ceci parce que quand je réfléchis et que je trouve que, en payant l'impôt, je contribue pour qu'une femme sans revenus accouche dans les mêmes conditions que les autres, de même pour un enfant qui va à l'école sans que les revenus le permettent.

Les hommes les plus désavantagés devraient vivre aux dépens de ceux qui ont eu des accidents naturels ou sociaux qui les avantagent dans la société. Le verset ne dit pas qu'il faut retirer au veuf ou à l'orphelin ce qu'il a pour donner aux plus avantagés naturellement et socialement. En effet l'auteur de la parabole ne se référait pas beaucoup aux affaires de ce monde. Mais il parlait de ceux là qui ne fructifient pas leurs talents à l'œuvre du Seigneur en servant la cause des plus désavantagés. Il est malheureusement étonnant que dans les sociétés où la justice sociale reste à désirer, ceux qui ont eu le moins d'accidents naturels et sociaux engraissent les mieux servis naturellement et socialement.

Compte tenu du fait que l'État peut manquer la générosité envers les plus défavorisés, je crois que la justice serait mieux pratiquée si elle résultait du réveil spirituel. Certaines choses sont impossibles sans l'intervention de Dieu parmi les hommes à travers le Saint Esprit. Par son intervention, ce qui est utopique aux yeux des hommes devient réalisable. En effet, rien n'est impossible à Dieu. Les premiers croyants sont arrivés à partager ce qu'ils avaient, et à chacun il lui revenait sa part selon ses besoins. La première communauté chrétienne nous impressionne à propos de la justice sociale par excellence. Ils persévéraient dans l'enseignement des apôtres, dans la communion fraternelle, dans la fraction du pain, et dans les prières. La crainte s'emparait de chacun, et il se faisait beaucoup de prodiges et de miracles par les apôtres. Tous ceux qui croyaient étaient dans le même lieu, et ils avaient tout en commun. Ils vendaient leurs propriétés et leurs biens, et ils en partageaient le produit entre tous, selon les besoins de chacun. Ils étaient chaque jour tous ensembles assidus au temple, ils rompaient le pain dans les maisons, et prenaient leur nourriture avec joie et simplicité de cœur, louant Dieu, et trouvant grâce auprès de tout le peuple. Et le Seigneur ajoutait chaque jour à l'Église ceux qui étaient sauvés.

Cette communauté était le modèle d'une société juste et paisible. La tendance du jour est le contraire: la cupidité l'emporte. Le Saint Esprit avait révolutionné les esprits des membres de cette communauté. C'est celui-ci qui fait que nous puissions partager ce que nous avons aux autres défavorisés. Le Saint Esprit met une certaine soif d'être généreux en nous. Par Lui je serai capable de pratiquer la justice sociale avec allégresse. Malheureusement, la cupidité des hommes, prophétisée par l'Apôtre Paul dans son deuxième épitre à Timothée, fait la guerre à la morale de la société chrétienne primitive. Je ne sais pas pourquoi. Peut-on dire que le Saint Esprit n'agit plus pour qu'il se fasse de telles merveilles? Je ne crois pas. Parmi ceux qui devraient enseigner la justice sociale par démonstration, il y en a qui sont devenus les plus cupides. Le Saint Esprit agit toujours mais il y aurait une crise de modèle. C'est aussi peut être parce que la technologie met devant nous des choses que nos yeux charnels contemplent avec beaucoup d'intérêt. Beaucoup de choses nous empêchent de voir clairement, et partant d'agir judicieusement selon la parole de Dieu qui nous encourage de pratiquer la justice sociale. Le luxe est devenu une fin pour la plus part de personnes qui cherchent à s'accomplir. On entendra parler : « Celui-là est un homme. » Cette déclaration est très populaire pour parler d'une personne qui roule dans une voiture extrêmement chère même si elle mange seule. Cela est dû à une crise de valeurs. Les valeurs matérielles sont très éphémères. Mais l'homme s'éternise par les valeurs morales. Les hommes distingués moralement d'il y a plus de vingt siècles sont rendus hommage. Mais les hommes distingués matériellement d'il y a dix ans tombent facilement dans les oubliettes.

La justice sociale – assurer l'égalité des chances et l'égalité en droits, couvrir les besoins vitaux des plus défavorisés par une redistribution libérale - est une valeur sociale qui sert à maintenir la paix et la stabilité d'une société. C'est d'ailleurs la meilleure religion, la religion pure et sans tache telle que le disciple Jacques la définit que nous puissions pratiquer dans nos sociétés.

C'est normal de ne pas faire une redistribution sans le Saint Esprit. Mais par la grâce que Dieu déverse dans mon cœur, je serai sans doute capable de redistribuer aux défavorisés une partie de mon trésor, de mon talent ou de mon temps. Je suis fier de contribuer à bâtir un royaume de paix, et, au lieu de croire que je m'appauvris en donnant, je sais que je m'enrichis là où les espèces dévastatrices et destructrices ne peuvent pas atteindre – au ciel. « Tel, qui donne libéralement, devient plus riche; et tel, qui épargne à l'excès, ne fait que s'appauvrir. » (Proverbes 11:24) Je fais aussi avec l'autre personne défavorisée le corps du Christ. Or, il est illogique qu'un membre du corps se réjouisse alors qu'un autre souffre. Mais la manière dont je donne doit être libérale parce que Dieu aime ceux qui donnent avec joie. J'ai besoin de quelqu'un qui m'instruit sur les libéralités mais non celui qui m'oblige. L'obligation violerait ma liberté, ce qui entrerait en contradiction avec la paix.

« L'amour de la liberté qui ne prend pas sa source dans l'amour des lois, n'est que le besoin d'une funeste indépendance. »

Chauvot de Beauchêne

Cette liberté dont je parle est liée à mes libertés personnelles que la société me garantit. C'est une liberté que je relativise quand au maintien de la paix sociale. La paix parmi nous ne peut être que le résultat du respect des lois et des principes divins. Or, les sociétés modernes ont tendance à vivre dans une sorte de liberté qu'on pourrait appeler sans se tromper « libertinage ». On ne peut pas imaginer où vont les sociétés sans normes ni contraintes. L'observation des lois divines ferait la joie de l'Éternel. La joie de l'Éternel fait notre force. Les libertés devraient s'inscrire dans le domaine de définition entre les libertés individuelles et la loi divine.

La tendance du jour est que nous puissions agir sans contrainte ni restriction. Ce qui me plaît beaucoup est que j'ai la liberté de ne pas foncer aveuglement dans mes libertés. Les règles morales sont méprisées au profit d'une modernité hypocrite. Mais si cette liberté sans contrainte ni restriction s'installe petit à petit, nous sommes malheureux car nous marcherons sous l'emprise du monde. Pour comprendre les méfaits de la liberté sans contrainte ni restriction, je prends l'exemple de la loi naturelle régissant la diététique. Il y a une loi naturelle selon laquelle si je prends une quantité excessive de viande, je vais avoir des problèmes de santé. Mais je peux en prendre beaucoup si j'ai les moyens sans transgresser aucune loi établie par la société. Je suis donc libre d'être sage en prenant une quantité raisonnable de viande ou d'écouter les désirs de la chair. Si je décide d'agir selon ce que mon appétit réclame, la liberté dont je fais usage ici entre directement en conflit avec la valeur de la tempérance. La capacité de contrôler mes plaisirs sensuels est mise en cause. Par conséquent, je vais souffrir pour avoir violé un certain ordre qui me demande d'être sobre. Je mettrai en cause ma longévité à cause de cette consommation excessive de viande. Autrement dit, faire l'éloge de certaines déviances sous le couvert de garantir les libertés, c'est mettre en danger la survie des individus et de la société.

La paix et la joie ne sont que le résultat d'une obéissance des lois de la nature que Dieu a instaurées. Or, le diable nous enseigne toujours comment les violer. Les lois de la diététique, les lois de la sexualité, ainsi que toutes les autres lois de la nature telles que instaurées par Dieu sont subverties aujourd'hui. Elles sont subverties davantage sous le couvert de la fausse liberté.

Pour que je puisse jouir de bons fruits de la liberté, il me faut un certain

équilibre entre celle-ci et la loi divine qui coordonne intrinsèquement toutes les lois naturelles. L'homme est faillible pour être un législateur incontestable visant seulement l'ordre social ou sa propre popularité alors que Dieu, un législateur infaillible, va au delà: sa législation vise non seulement à assurer l'ordre social mais aussi au fait que nous puissions avoir la vie et que nous l'ayons en abondance. Dieu est l'architecte de l'univers et Il sait très bien là où ça irait mal si nous agissions d'une manière ou d'une autre. Il est le garant de notre bonheur; il faut que nous soyons obéissants à sa parole au lieu de chercher à exercer une liberté destructive porteuse des germes de la mort.
C'est pourquoi il est important que les institutions étatiques ne garantissent pas aveuglement certaines libertés. Elles ont des limites au niveau de leur éthique quant à la reconnaissance par le droit de certaines libertés. Un loup ne peut pas légiférer impartialement contre la consommation de la viande. Alors, je ne suis pas absolument rationnel et compétent pour pouvoir déterminer moi-même mon comportement car je suis enclin aux désirs nuisibles à moi-même et à la société en général. C'est cette raison pour laquelle il faut interroger certains préceptes divins pour une reconnaissance juste de certaines libertés par le droit.

Une société qui garde un certain équilibre entre la loi humaine et la loi divine a plus de chance de rester paisible. Dieu ne peut pas accepter de régner là où Il ne gouverne pas, c'est à dire là où on limite ses pouvoirs. Par conséquent, s'Il ne règne pas, un autre roi est nécessairement au trône. La chaise ne peut pas être vide. Ce roi n'est qu'un destructeur, un voleur et un tueur.

Promouvoir la paix à travers les libertés publiques signifie non seulement respecter la personne humaine dans ses choix et ses goûts mais aussi une juste conciliation de la liberté, de la loi divine, et du respect des droits des autres. Le revers des libertés publiques, dans certains cas, ne manque pas. Si on légifère par exemple sur l'avortement et que la loi tombe favorable à ceux qui veulent avorter, on ignore cette fois-ci le droit à la vie de l'avorté. En effet, la vie de l'homme commence dès la conception où même avant pour ceux qui y croient. Dieu dit qu'il connaissait le prophète Jérémie avant même sa conception (Jérémie 1:5); ce qui veut dire que même quand Jérémie n'était pas en vie, il existait dans le plan de Dieu. Quand nous avortons, nous résistons contre le plan de Dieu. Ce Dieu n'est pas un Dieu qui accorde des faveurs à ceux qui Lui résistent sauf celle de se repentir.

Prenons un autre exemple qui est d'actualité: le mariage homosexuel. Bien que l'individu a la liberté de pratiquer sa sexualité tel qu'il l'entend, c'est une affaire qui devrait être individuel et privé. Le monde cherche à ce que nous nous conformions à lui pour périr avec lui. Mais Dieu veut que nous soyons transformés par Lui pour que nous puissions partager son éternité heureuse. Ce n'est pas donc étonnant que les politiques du moment s'acharnent à rendre légitime cet acte ignoble parce qu'ils se conforment à l'opinion générale du monde favorable à la perversion. Il revient alors à chacun de faire un choix averti entre le message politique et le message prophétique.

Légaliser l'immoralité dans la société, c'est attirer la malédiction à la société. Au niveau individuel, mieux vaudrait mettre en place des mécanismes qui serviraient à convertir les homosexuels en hétérosexuels. Si, conformément aux principes du monde, il s'avère impossible de changer, il serait encore mieux d'inciter les homosexuels à la chasteté. Mieux vaut entrer dans la vie qu'être jeté dans la géhenne si l'homosexualité s'avérait une occasion de chute pour une personne quelconque.

Cependant, je pense qu'il faut garantir aux homosexuels leurs droits fondamentaux. Ils doivent avoir le droit de s'épanouir dans la vie sociale comme les autres. L'homosexualité est un péché comme les autres et Dieu ne haït pas les homosexuels mais l'homosexualité en soi. En effet, si on refusait le droit aux pécheurs, on ne le garantirait à personne parce que nous sommes tous des pécheurs. Nous ne sommes justes que par la grâce.

Les homosexuels se trouvent dans une catégorie de gens envers qui il faut s'adresser avec beaucoup de finesse parce que d'une manière ou d'une autre, ils sont victimes d'une situation qu'ils ignorent. Ils sont en proie de la manipulation démoniaque. C'est pourquoi, il n'est pas question de les stigmatiser parce que nous leur aurions bloqué le chemin qui mène à la repentance et à la délivrance. Ils ont le droit de se déclarer homosexuels sans être stigmatisés ni marginalisés pour être délivrés. La meilleure des solutions serait d'intercéder pour eux afin qu'ils soient libérés parce qu'ils ont été eux aussi appelés et élus comme tout le monde et seraient justifiés et glorifiés au même titre que les autres s'ils se repentaient.

Pour ceux qui prétendent faire des cérémonies de bénédiction aux couples homosexuels, c'est vraiment la consternation. Il est difficile de comprendre au nom de qui on bénit ces couples. De toutes les façons, ce n'est pas au nom de Dieu, le Saint, que nous voyons agir dans la colère contre l'homosexualité en condamnant à la destruction et en réduisant en cendres les villes de Sodome et de Gomorrhe. Si c'est vraiment Lui, c'est qu'Il aurait changé avec le temps et qu'Il est devenu pervers Lui aussi. Il aurait cédé à la volonté et à l'influence humaines. Ce qui n'est pas le cas puisqu'il ne se conforme pas aux caprices du siècle.

Chercher la paix, c'est éviter ce qui est abominable à Dieu. L'humanité ignore ce qu'elle serait si Dieu lui tournait le dos même pendant une seconde. Elle ne serait que du cendre ou de la vapeur. Sodome et Gomorrhe furent détruites en un si peu de temps. Nous expérimentons aussi certains fléaux à cause des abominations qui provoquent la colère de Dieu. Celui-ci est contre la perversion car il est saint dans le passé, dans le présent et éternellement.

La liberté est positive dans certains cas où on ne peut pas prétendre consolider la paix sociale sans garantir les libertés individuelles aux membres de la société. Cependant, il faut aussi songer aux manœuvres de Satan pour séduire et égarer le peuple de Dieu par l'intermédiaire de ses « prophètes » en lui promettant la fausse liberté. Cette fausse liberté nous est promise par le diable pour nous ravir la paix parce que la paix véritable est fondée sur l'obéissance des commandements de Dieu.

Avant que Dieu m'ouvre les yeux, je me disais que j'étais libre. Si je voulais aller dans les boîtes de nuit, je m'y rendais sans problème. Je faisais tout ce qui plaisait à ma chair, mettant de côté mon bien être spirituel – le seul durable. Il n'y avait aucune pression sociale contre moi m'empêchant de faire ce que je voulais. J'étais majeur et je ne nuisais à personne. Mais, chaque fois que la somme de mes plaisirs charnels atteignait le paroxysme, je regrettais au point de me suicider. Au contraire, aujourd'hui que je me suis courbé devant la volonté divine, presque tous les jours que je me rends au temple de Dieu pour écouter ce qu'Il veut de moi et pour Lui parler de ce que je veux qu'Il me fasse, je n'ai jamais regretté, je suis comblé de joie et je suis dans le même état d'esprit que ce psalmiste: « Mon désir ardent est celui d'habiter toute ma vie dans la maison de l'Éternel pour contempler la magnificence de l'Éternel et pour admirer son temple. »

C'est à cette joie que je t'invite lecteur, tu as peut être entendu dire de liberté et cela t'as beaucoup séduit. Tout le monde veut être libre, c'est une bonne chose. Réfléchis sur cette liberté dont on te parle, si elle n'est pas en conflit avec les lois divines. Souviens-toi que celui qui sème pour sa chair moissonnera de la chair la corruption; mais celui qui sème pour l'Esprit moissonnera pour l'Esprit la vie éternelle. Le monde nous donne la liberté de semer pour notre chair afin que nous périssions avec lui. Mais Dieu nous donne une liberté de l'Esprit qui nous conduira à la vie éternelle. Réfléchis et choisis entre les deux libertés: celle qui te conduit à la mort ou celle qui te conduit à la vie éternelle.

III. HARMONIE GLOBALE

« La paix globale ne serait pas le résultat du hasard, mais le résultat du travail minutieux des consciences individuelles et le raffinement des esprits. » Auteur

Quant à la paix globale, je ne peux pas rester indifférent parce qu'elle me concerne. J'ai parlé de mon harmonie personnelle, de l'harmonie sociale et celles-ci contribuent à la paix globale, étant donné que la société est la somme des individus qui composent une société et le monde entier, la somme de toutes les sociétés qui le composent. J'ai alors une influence, si petite soit-elle, sur la paix globale. La paix globale n'est pas dans les mains des fameux politiques. Chacun est en possession d'une brique pour bâtir la paix globale.

Ma propre brique pour bâtir un monde paisible n'est que l'observation des valeurs précédemment vues. Mettons-nous ensemble pour la promotion de ces valeurs et nous serons entrain de bâtir la paix globale. N'attendons pas demain. Mais réveillons-nous tout simplement, armons-nous de la vérité, la justice, la liberté et la générosité envers les personnes défavorisées par la nature. Ceci contribuerait à l'équilibre entre deux principaux ordres qui prévalent dans ce monde : L'ordre mondial, matériel et l'ordre divin qui met l'accent sur le spirituel. La paix globale ne pourrait être que le fruit de l'harmonie et de l'équilibre entre ces deux ordres.

L'initiative de la paix mondiale dans le contexte de la mondialisation peut être quelques fois interprétée comme une ostentation si elle ne s'appuie pas sur les forces individuelles. Ceci peut être une tendance à reconstruire la tour de Babel, un monde qui obéit à un ordre nouveau où Dieu ne joue qu'un rôle d'observateur impuissant.

Alors que la paix globale serait le fruit de l'harmonie globale, celle-ci ne serait que l'art du Très Haut qui saurait harmoniser ce monde énormément complexe. Les mutations socioculturelles de différentes sociétés ou du monde entier nous laissent douter d'un monde où la paix peut être une réalité dans la mesure où ces mutations s'éloignent beaucoup du plan divin. Le processus de mondialisation de ces mutations socioculturelles est inévitable parce qu'il est soutenu par des moyens financiers colossaux, lesquels moyens répondent au désir des hommes des derniers jours: l'argent aux dépens de la vertu. Le monde tend à devenir un enfer terrestre que les prétentions de paix mondiale sont puériles dans un contexte actuel.

Il y a deux tendances dans le monde: celle d'effacer Dieu et ses valeurs dans le monde par l'esprit antichrist et celle d'introniser Dieu et ses valeurs dans les cœurs des croyants par L'Esprit Saint. Toutes ces deux tendances ont des adeptes et il ne peut pas y avoir de compromis. C'est comme l'obscurité et la lumière. L'une finira par s'imposer sur l'autre.

Le monde n'est devenu qu'un petit village. L'inter-influence des mœurs est facile par les nouvelles techniques de communication (internet, télévision et autres). Nous éprouvons des fois de l'admiration pour d'autres nouveaux styles de vie sans censures. Nous devons être lucides parce que tout n'est pas positif dans le courant de la mondialisation. Ce n'est pas le fait de nous conformer aux mœurs du siècle qui nous fait acquérir la grandeur mais c'est la transformation qui a de la valeur pour nous. Les Israélites marchaient par la loi pour arriver dans la terre promise. Nous devons aussi marcher par la parole de Dieu pour arriver dans un lieu où régnera le trône de paix éternelle. Les ténèbres enveloppent les nations, il faut nous tenir debout pour dissiper ces ténèbres.

Nous avons un autre défi non négligeable pour l'établissement de la paix mondiale: les disparités religieuses, lesquelles disparités mettent en cause la paix mondiale. Si toutes les religions du monde étaient illuminées par un esprit de vérité, nous aurions un seul problème de ceux qui n'ont aucune croyance religieuse. Or, c'est la religion qui devient de plus en plus un champ de bataille idéologique et physique pour ceux qui ont des intérêts divers à défendre. La tolérance n'est point observée quand on se trouve devant un gâteau offert par quoi que ce soit. Après des exécutions par le bûcher de ceux qu'on croyait hérétiques, les guerres de religion, les uns jugent les autres comme infidèles comme quoi ils devraient être convertis par les balles ou par les explosifs. Cependant, ceux qui se proclament de la vraie religion ne devraient pas convertir les autres par les armes mais par la parole de paix. Une véritable conversion ne se fait ni par la force ni par la peur mais par l'amour.

Beaucoup de facteurs me laissent douter de l'avènement d'un monde unipolaire et harmonieux. Il n'y a rien de ce qui vient de la main de l'homme qui puisse harmoniser le monde et procurer le bonheur incontestable à l'humanité. S'il y a des âmes affamées de paix, il y en a d'autres affamées de détruire. Ce monde est loin d'être un paradis; méfions-nous de l'idolâtrer. Le diable est descendu avec une grande colère, décidé à mettre tout en œuvre pour perturber notre monde. Il manipule tout contre nous: la science, la politique, l'environnement, etc.

Il est sage de savoir que la promesse d'une véritable paix dans le monde est une illusion. Je suis convaincu que les dictatures disparaîtront. Mais la véritable paix ne peut en aucun cas reposer sur les principes tels que la force, l'hégémonie, la fausse liberté, et autres. On ne nous promet qu'une fausse paix qui nous sera donnée de la manière dont le monde donne dans un empire global à venir dirigé par l'antichrist.

Cette fausse paix ne peut pas durer. Elle sera éphémère et fragile. Elle sera surtout une bonne occasion pour les hommes de bonne foi de choisir le salut et une occasion de chute pour les concupiscents qui vont continuer dans un style de vie semblable à celui des gens de l'époque de Noé.

Nous ne devrions pas nous attacher beaucoup à un monde qui va être jugé. La première création va disparaître. C'est cette première création qui va disparaître qui nous coûte souvent le prix de nos âmes alors qu'elle n'a pas de garantie. Recherchons les choses d'en haut car celles d'ici bas ne nous appartiennent pas. Les choses d'ici-bas nous enchantent et nous courons à toute vitesse après celles-ci. Quand nous les saisissons, nous nous rendons compte que c'est du vent. Nous sommes alors déçus.

Parmi les deux ordres, celui du monde et celui de Dieu, chacun a le droit de choisir lequel peut régir sa vie. L'ordre mondial nous promet les profits du monde éphémère alors que l'ordre divin nous promet la vie éternelle, la paix et la joie du royaume de Dieu.

Mais hélas! J'ai tout dit qui me rassure la paix et le bonheur. J'ai bien décrit comment j'ai découvert une vie stable, paisible et heureuse. Mais je dois être sincère que je ne suis pas encore accompli quant à ma transformation. Ma perfectibilité est continuelle par le truchement de l'Esprit Saint jusqu'à ma perfection dans la résurrection. Je suis dans un combat spirituel continuel contre ma chair, le monde et le diable. La stabilité du cœur ainsi que le bien-être social ne totalisent pas mon idéal car ce n'est pas seulement dans cette vie que j'espère en Christ. J'ai une vocation céleste de la vie éternelle. La mort, serviteur fidèle de Dieu, mettra faim aux futilités de ma chair pour me délivrer complètement. C'est inutile que je m'en rappelle à l'enterrement ou à la morgue. C'est une réalité qui est devant moi. Ce n'est pas du tout une éventualité. Je vais me reposer avec Christ, je serai complètement déchargé de tout ce qui m'encombre dans cette vie. Toutes les imperfections disparaîtront, toutes les mauvaises passions qui sont la jalousie, la haine, le ressentiment et d'autres disparaîtront complètement.

IV. HARMONIE TOTALE: MON ESPOIR ULTIME

« Si c'est dans cette vie seulement que nos espérons en Christ, nous sommes les plus malheureux de tous les hommes. »
1 Cor. 15:19

La paix a été semée dans mon cœur quand il était contrit, soif de justice. Elle sera absolument acquise dans un autre monde où Satan et ses serviteurs - les démons n'exerceront aucune influence sur ceux qui chancellent. C'est ici mon but, mon espoir ultime de mon itinéraire. Tout en restant pessimiste au sujet de la paix totale dans ce monde, je serais plutôt plus réaliste si j'évoquais l'auteur de cette paix dans un monde nouveau dépourvu de toute corruption où, cette fois-ci, le juste par la foi en Christ va être séparé de l'injuste, le loup de la brebis, l'ivraie du blé, le bon du vilain, la vertu du vice. L'auteur de l'instabilité mondiale – Satan – va être dépourvu de tout contact avec la nation divine, laquelle va être élevée pour les noces avec l'Agneau. Hâtons-nous de chasser les renards, tout ce qui nous distancie de notre Dieu, les vignes sont en fleur. Il ne reste pas beaucoup de temps pour que le jour des moissons arrive. Dieu, propriétaire des vignes, est la seule source de la paix prise dans n'importe quelle dimension – personnelle, sociale ou mondiale. Sous son tabernacle, l'esprit sera complètement libre des pressions de la chair, vêtu d'une chair incorruptible. Son antagonisme avec la chair disparaîtra, c'est ici que nous atteindrons la perfection.

Il serait vain de tenter de décrire mon aboutissement dans le monde parfait à venir. Je jouirai avec les saints de la paix et de la joie parfaites et éternelles dans le royaume parfait à venir. Même ceux qui ont eu le privilège de visiter son royaume en esprit, il ne leur a été facile de décrire la suprême splendeur de son royaume et la paix qu'ils ont ressentie. Même la Bible ne nous décrit pas avec exactitude les délices du royaume éternel à venir parce que ça dépasserait sans doute l'entendement humain et, peut-être, ça serait un obstacle pour croire. Cependant, une chose nous est révélée que ce sont des choses que l'œil n'a point vues, que l'oreille n'a point entendues, et qui ne sont point montées au cœur de l'homme, des choses que Dieu a préparées pour ceux qui L'aiment.

Je peux à la limite décrire la paix que j'aurai sous le règne du Dieu vivant par inférence en partant de la vie normale que nous menons ici bas. Si j'essaie de décrire la vie de l'au-delà à partir des souffrances physiques et morales que nous endurons, nous aurons alors un petit aperçu du Monde Nouveau à venir. Ici se reposeront les justes et les saints par la foi en Jésus Christ qui auront triomphé sur le diable, le monde et la chair.

Un monde sans maladies

Le monde que nous habitons devient de plus en plus souillé et de nouvelles maladies plus dangereuses continuent de surgir malgré les avancées miraculeuses de la médecine. Si aujourd'hui le cancer, le Sida, le diabète et bien d'autres maladies sont à l'origine de nombreux décès, il faut noter que la syphilis, le choléra, la dysenterie et même la grippe, facilement traitables actuellement, faisaient des ravages il y a quelques siècles. Plus ces maladies jugées trop dangereuses seront maîtrisées, il y aura encore d'autres maladies qui vont faire des ravages dans le monde.

Un autre aspect étonnant de la maladie, c'est sa complexité quand aux efforts qu'on peut conjuguer pour l'éviter quant à la nutrition. Ceux qui sont démunis souffrent des maladies liées à la carence nutritionnelle tandis que ceux qui sont aisés sont exposés aux maladies liées à l'excédent nutritionnel. Toutes les deux catégories de gens sont sujettes de l'insécurité due à l'alimentation. Il n'y a que des paradoxes quand j'essaie de regarder tout au tour de moi.

La bonne nouvelle est que dans le monde à venir, on n'aura plus à craindre ces histoires de maladies parce que nous mangerons sur l'arbre de vie qui se trouve dans le paradis de Dieu. En essayant de s'imaginer un monde sans maladies, on peut inférer ce que c'est ce monde.

Un monde sans pauvreté

Si on donnait le choix à tout homme normal, il n'y aurait personne qui choisirait de vivre dans des conditions de misère. Nous aspirons tous à une vie d'abondance mais nous ne savons pas si vivre dans les conditions de misère ou d'opulence est une affaire de choix, de destin ou une affaire providentielle.

Ce qui pourrait susciter un peu de curiosité, c'est le style de vie des deux catégories, ceux qui vivent dans l'opulence et ceux qui vivent dans les conditions misérables, qui nous révèlent l'état d'esprit de ces gens. Il est évident que celui qui a faim ne peut pas avoir la joie sans l'intervention de la puissance divine par le Saint Esprit pour le fortifier dans sa situation. Mais ce qui semble étonnant, c'est que celui qui vit dans l'opulence n'est pas aussi paisible qu'on le croit car il se méfie de son entourage; il cherche à s'assurer à chaque instant que sa vie n'est pas en danger. Ceci nous prouve que toutes ces deux catégories de gens vivent dans un état d'insécurité soit extérieure ou intérieure.

Tout à l'opposé, la vie que Dieu nous invite à partager est loin de se confondre à ces histoires. C'est un monde où nous n'aurons plus peur d'avoir faim ou d'être tués pour être dépouillés de nos biens parce que nous serons tous satisfaits, vêtus d'un corps céleste, spirituel, plein de force, incorruptible et immortel.

Un monde sans catastrophes naturelles

Il y a une chose presque universelle dans le cœur des hommes. Tout le monde, après avoir atteint une certaine position de puissance, cherche à trouver des moyens matériels, politiques pour se défendre dans le but de conserver sa position; le pouvoir étant la dernière ambition de l'homme charnel. Quand un pays est économiquement puissant, il cherche à se doter des armes lourdes et sophistiquées pour qu'il ne soit pas délogé de sa position ou pour conquérir davantage. Ceci est un phénomène qui est intimement lié à la nature humaine.

Un pays peut réussir à cela: conquérir et dominer par la force. Supposons même qu'il puisse garantir le maximum de sécurité intérieure ainsi que son patrimoine extérieur. Cependant, il convient de noter que, quelque soit la puissance militaire, l'avancée de la technologie, il est impossible de se défendre contre une catastrophe naturelle. Les catastrophes naturelles sont à l'origine d'une mortalité à grande échelle provoquant des pertes matérielles et humaines immenses actuellement. Éviter une catastrophe reste actuellement une utopie. Se défendre est une chose impossible. Si c'était possible, les premières puissances auraient pu éviter les catastrophes qui les ont secouées au cours de l'histoire. L'homme a échoué de créer son Paradis par une technologie avancée car il lui est impossible de maîtriser la nature par la science.

L'Américain, Etzler, avait prédit une ère où il sera possible de résister à la nature en maîtrisant les tempêtes, les tremblements de terre, les volcans, ce qui a été baptisé comme utopie technologique. La science nous a été révélée parce qu'il n'était plus possible de vivre sans la science en dehors du jardin d'Éden. Toute science vient de Dieu. C'est une occasion qui est offerte à l'homme pour qu'il puisse s'adapter dans un univers devenu hostile dès qu'il fut chassé du Jardin d'Éden à cause de son péché. La science nous est utile d'autant plus qu'elle permet de nous battre pour la survie. Mais la science est loin de nous procurer le bonheur perdu au jardin d'Éden mais plutôt, si son usage est immoral et irresponsable, elle renferme les potentialités de la destruction de l'humanité - cas de l'énergie nucléaire dont l'éventuelle radioactivité est aujourd'hui une source d'angoisse dans le monde. C'est uniquement Dieu qui est capable d'établir le nouveau Paradis.

En partant de cet état de choses qui provoque une angoisse extrêmement aiguë à la condition humaine, je m'imagine, me représente un monde où ce genre de stress n'existera plus et en déduis l'euphorie, la joie, la paix que je vais expérimenter avec le peuple de Dieu dans ce monde même si l'exactitude des choses que Dieu nous a réservées ne nous est pas encore révélée.

Un monde sans deuil

Il y a des choses auxquelles l'homme, qui qu'il soit, un croyant ou non, riche ou pas, petit ou grand, ne peut pas se soustraire quand à la condition de ses sentiments. L'homme qu'on croyait de sang froid extraordinaire, on le voit verser les larmes de sang quand sa personne chère rend l'âme. Même quand nous croyons à la résurrection des morts, il est impossible de nous abstenir de pleurer les nôtres. Nous sommes inévitablement consternés devant une telle scène et, des fois, il nous est difficile de nous remettre de la mort de nos personnes chères. Même quand nous savons bien, quand nous croyons bien sûr, que Dieu est le mari des veuves et le père des orphelins, nous nous inquiétons de la manière dont nous allons vivre sans eux puisqu'ils nous étaient d'une importance capitale pour notre sécurité, physique, affective ou autre.

Il y a donc beaucoup d'occasions où le diable ou le monde ne nous laisse pas de repos, nous ravit notre bonheur si éphémère soit-il dans ce monde. Il y a donc encore une fois moyen de deviner le monde à venir que Dieu nous a promis, de s'imaginer sur cette vie où l'on aura plus peur de mourir ou de perdre nos personnes chères. La Bible nous révèle ce Nouveau Monde à venir où Dieu vivra avec nous, son peuple. Il y aura un nouveau ciel et une nouvelle terre. La première terre et le nouveau ciel pollués disparaîtront. Le tabernacle de Dieu descendra d'au-près de Dieu. Dieu descendra pour habiter avec nous. Il essuiera toute larme de nos yeux. La mort ne sera plus. Il n'y aura plus ni deuil, ni douleur. Les premières choses auront disparu. L'ordre du monde disparaîtra aussi. Un ordre strictement divin où le spirituel sera prééminent verra le jour.

Dieu sera parmi nous comme la parole de Dieu le témoigne et les choses anciennes vont passer. Cette société des hommes avec Dieu sera parfaite et totalement paisible. Il n'y aura ni luttes ni querelles parce que nous n'aurons plus de passions qui combattent dans nos corps cette fois-ci célestes et incorruptibles. Nos corps célestes seront des petits tabernacles remplis de valeurs divines comme l'amour, la liberté et la justice. Nous serons semblables au Seigneur. Celui qui a cette espérance se purifie, comme Lui-même est pur.

Ce monde est plein de paradoxes. Les célibataires sont angoissés par leur célibat. Ils croient qu'ils attendent le bonheur dans le mariage. Ceux qui sont mariés désirent retourner au célibat. Dans les sociétés où le divorce est très toléré, très peu de mariages réussissent. Ceux qui n'ont pas eu d'enfants ont un chagrin indicible. A côté, ceux qui ont eu des enfants sont parfois stressés par leur comportement inattendu. Ils ont tendance à se cacher parce qu'ils sont déshonorés par leur progéniture. Pas de respect parental, c'est le fléau social du jour. Ce n'est pas tout, il y a un autre paradoxe, beaucoup de gens croient qu'avec un boulot, ils diront « adieux l'anxiété et l'angoisse ». Au contraire, c'est au travail qu'ils sont blessés à jamais. Malgré ces paradoxes, celui qui a cru persiste dans la foi. Il est inébranlable. Il attendra toujours la vie de l'au delà avec du calme. Il sera toujours libre par la grâce de celui qui le fortifie. Ces paradoxes ne seront plus dans le Monde à venir.

J'ai peut-être commenté sur des choses qui me tiennent à cœur et chacun a sans doute expérimenté d'autres choses qui sont à la base de l'insécurité de son corps, de son âme ou de l'esprit et qui ne sont ni citées ni décrites ici. L'importance est de pouvoir connaître l'itinéraire que nous sommes appelés à parcourir et à choisir lequel nous conduira à la perdition ou à la vie éternelle, bien identifier *le chemin de la paix* afin de pouvoir effectuer ce long périple avec précision en évitant des tâtonnements.

Comme chaque chose a sa fin, toute la première création connaîtra la fin. Une exception est faite à ceux qui lavent leurs robes en se sanctifiant. Ils auront droit à l'arbre de vie et entreront par les portes dans la ville. Je veux être parmi ceux-ci et ça demande que je me comporte comme un athlète, dans les mots de Saint Paul, qui se décharge de tout ce qui l'encombre pour saisir la couronne. Je garde confiance qu'avec la grâce de Dieu qui surabonde parmi son peuple, je saisirai cette couronne qui est la vie éternelle, paisible et heureuse. Dehors seront les chiens, les enchanteurs, les impudiques, les meurtriers, les idolâtres, et quiconque aime et pratique le mensonge. Je pense que personne ne désire un tel sort. Moi non plus.

Je tiendrai à connaître mon chemin pour faire ce voyage de la vie avec certitude. La sagesse qui me séduit est celle d'être capable d'opérer un choix judicieux afin de pouvoir parcourir le chemin avec précision et de ne pas rater la destination.

Les Écritures ont constitué pour moi la principale et l'incontestable source de provisions d'autant plus que je m'en sers pour nourrir et murir ma pensée afin de croire et demeurer dans la parole. Jésus est mon pain vivant, c'est la parole. Si je mange de Lui, je vivrai éternellement. C'est l'Évangile qui me rassure. Je suis jaloux de ma destinée et quand elle semble vouloir s'échapper de moi, je la ressaisis avec promptitude. Ma destinée était le bonheur et non pas le malheur d'être SDF. Mon guide favori reste le Saint Esprit ainsi que ceux qui sont guidés par Lui. Mais cela ne suffit pas étant donné que celui qui tente de me secouer ne se repose jamais pour me faire rater la destination. Le malin rôde et me réclame toujours pour me cribler comme le froment afin que je perde la foi. Je suis cependant rassuré que celui qui m'a délivré des mains du diable est fort. Il faut que je reste connecté à Lui pour le secours chaque fois que je suis tenté. Il me secourra sans tarder et avec beaucoup de sympathie car Lui aussi a été tenté comme moi en toutes choses mais sans commettre de péché.

Je suis libre de choisir entre la mort de mon âme et la vie, et si je me laisse séduire, je le fais à mes risques et périls. J'ai été racheté pour ne pas rester dans une condition d'errance. Je suis aujourd'hui averti de plus belle et je suis toujours libre de prendre n'importe quel chemin je veux - Jésus, qui est le chemin qui me mène vers son Père, le garant de la paix, ou de prendre le chemin de la perdition finale. Une et une seule occasion m'a été offerte pour retourner au nouveau Jardin d'Éden où la paix règnera éternellement. Le menteur sera écarté loin de moi pour qu'il ne me tende plus de pièges.

C'est véritablement ici que le rêve de Platon, une cité juste et idéale, celui de Karl Marx, le bonheur universel, sera réalisé. C'est ici que la paix véritable sera une réalité absolue.

La paix véritable est basée sur des valeurs qui en sont inévitablement la pépinière. Cette paix divine « Shalom » n'exige que des âmes disposées à l'accueillir et à la cultiver à l'intérieur de l'individu et dans la société dans l'attente de l'expérimenter d'une manière absolue dans un monde à venir. Cette paix n'exige ni fonds ni négociations pour la conquérir et la consolider. Nous en sommes tous responsables: jeunes ou vieux, pauvres ou riches, puissants ou faibles. La paix de Dieu « Shalom » n'exige que des valeurs. Celles-ci ne sont pas apprises à l'école de façon qu'on ait peur de leur coût. Elles se font entendre un peu partout. Elles sont la pensée de Dieu qui se rend explicite dans sa parole.

Au niveau de l'entité individuelle, qui peut contester que la vérité ne nous libère pas de l'angoisse dans laquelle le péché nous jette sans pitié. Cette angoisse que nous expérimentons n'est que la conséquence de l'inaction, l'attitude la plus dangereuse que nous puissions adopter face au péché. En effet, il ne nous coûte rien d'avouer, de nous repentir, de confesser nos transgressions si nous voulons vivre en harmonie avec nous-mêmes et donc paisibles.

Au sujet de la liberté et la justice, si ce n'est que le zèle, le vif désir de vivre paisible et heureux, il n'y a pas de coût matériel pour jouir de ces valeurs. Seule la grâce, la force et la miséricorde divines sont à l'origine de ces valeurs. Il suffit que nous nous mettions à sa disposition, d'être exigeant envers nous-mêmes pour qu'Il nous recrée en Jésus Christ, pour qu'Il nous transforme selon son bon plaisir.

En ce qui concerne l'amour du prochain et le pardon, Dieu ne nous demande que la flexibilité de notre cœur afin qu'il y déverse sa propre force d'aimer et de pardonner. Nous sommes par la suite comblés intérieurement. Nous devenons des dieux qui n'ont ni fausseté ni ressentiments envers les autres.

Au niveau de l'entité sociale, le respect, la justice et la liberté sont des valeurs qui ne demandent pas de budget spécial pour les faire asseoir dans la société. Il suffit de la volonté de donner de bons exemples afin de transmettre ces valeurs de générations en générations.

Au sujet de la paix mondiale, je ne me sous-estime pas parce que je sais que j'ai ma part pour que le monde soit plus juste et plus paisible qu'il ne l'est aujourd'hui. Je ne suis pas capable d'une chose: je peux chasser le diable, auteur de l'instabilité, loin de moi et non loin du monde. Dieu le fera un jour pour épargner ses élus contre la ruse diabolique.

Ce monde a tellement besoin des gens qui puissent donner de l'espoir à de nombreux jeunes qui ont actuellement une attitude malsaine face à leur avenir. Nous sommes en partie responsables de l'avenir du monde où nous habitons. Nous pouvons faire de ce monde une jungle habitée par des loups ou encore un monde civilisé où les nouvelles générations ont de l'espoir et des attentes d'un futur positif. Nous pouvons réaliser ce rêve en apprenant aux jeunes gens à être en harmonie avec eux-mêmes mais aussi à être en harmonie avec les autres.

J'ai dû perdre ma destinée à cause de l'alcool. J'étais désespéré. Je ne savais pas où j'allais. Souvenons-nous que l'alcool et la drogue sont aujourd'hui des outils qui détruisent la destinée de nombreux jeunes désespérés. Réveillons-nous pour les orienter, pour leur donner un espoir. C'est un grand potentiel qui s'éteint alors que nous assistons. Au lieu d'assister, participons au réveil des consciences. C'est aussi une menace de la paix non seulement intérieure aux individus mais aussi mondiale.

Au moment où, nous, les croyants, attendons un Nouveau Monde absolument paisible, faisons la paix avec nous-mêmes d'abord. Faisons aussi la paix avec les autres. Soyons la lumière.

Printed by Books on Demand GmbH, Norderstedt / Germany